阿拉伯研究中心
- مركز الدراسات العربية -

浙江智库
ZHEJIANG
THINK TANK

阿拉伯国家
主要跨国媒体研究

曹笑笑◎著

世界知识出版社

图书在版编目（CIP）数据

阿拉伯国家主要跨国媒体研究 / 曹笑笑著 . -- 北京：世界知识出版社，2022.6

ISBN 978-7-5012-6541-1

Ⅰ . ①阿… Ⅱ . ①曹… Ⅲ . ①传播媒介—产业发展—研究—阿拉伯国家 Ⅳ . ① G219.371

中国版本图书馆 CIP 数据核字 (2022) 第 087620 号

责任编辑　张　璐
文字编辑　蔡金娣
责任出版　赵　玥
责任校对　陈可望

书　　名　**阿拉伯国家主要跨国媒体研究**
Alabo Guojia Zhuyao Kuaguo Meiti Yanjiu

作　　者　曹笑笑

出版发行　世界知识出版社
地址邮编　北京市东城区干面胡同 51 号（100010）
网　　址　www.ishizhi.cn
电　　话　010-85112689（编辑部）
010-65265923（发行部）　010-85119023（邮购电话）
经　　销　新华书店
印　　刷　北京虎彩文化传播有限公司
开本印张　710 毫米 ×1000 毫米　1 /16　13 ¾ 印张
字　　数　154 千字
版次印次　2022 年 6 月第一版　2022 年 6 月第一次印刷
标准书号　ISBN 978-7-5012-6541-1
定　　价　68.00 元

本书得到浙江外国语学院国别和区域研究中心建设项目、浙江省“一带一路”研究智库培育单位项目、2021年浙江省哲学社会科学规划课题“中国媒体在阿拉伯国家的传播力提升研究”（21NDJC125YB）项目资助

序 言

当前，世界正处于“百年未有之大变局”的重要调整期，中国的发展与成就正日益被世界所关注。随着国际力量的此消彼长和全球性挑战的日益增多，推动全球治理体系变革，重塑国际话语体系是大势所趋。然而，目前世界对中国的认识仍处于“错位期”：或是认知错位，以“西方中心论”固化中国“贫穷”“落后”形象；或是心态错位，倾力防范中国，制造“中国威胁论”“中国崩溃论”等；或是话语错位，以西方主导的话语体系随意解读中国；或是价值错位，以所谓“普世价值”裁量中国实践。[①] 这是因为：一方面西方媒体长期把持着国际话语权，刻意歪曲、混淆视听；另一方面，中国在国际传播方面起步较晚，不论是理论研究还是传播实践都尚不足以应对当前复杂的国际形势需要，打破现有国际传播格局、重塑国际媒体生态仍道阻且长。

然而，同时也应看到，新冠肺炎疫情全球传播、俄乌冲突等事件加速了国际格局的演变，在应对疫情、解决冲突的过程中，以美国为首的西方媒体说一套做一套，粉饰自我、打压对手的虚伪人设暴露无遗。这样一种国际传播现状越来越不得人心，也为我国改变西方主导

---

①《人民日报》(海外版)：《下大气力加强国际传播能力建设——就〈人民日报〉(海外版)融媒矩阵报道新气象探析》，2021 年 9 月 16 日，https://baijiahao.baidu.com/s?id=1711046802946792172&wfr=spider&for=pc。

的国际传播格局带来了历史性机遇。

阿拉伯国家地处欧亚非交汇处，是“一带一路”建设的枢纽地带，又拥有丰富的油气资源，这使其成为历来兵家必争之地。在国际传播领域，西方大国媒体在阿拉伯国家的角逐从20世纪初就开始了。两次世界大战期间，同盟国和轴心国利用广播在中东进行大规模战争动员；到了冷战时期，以美国之音（VOA）和塔斯社（TASS）为代表的国际广播电台成为美苏两大阵营在中东进行政治宣传的主要工具；20世纪90年代开始，随着冷战结束、媒体技术革新（卫星电视和互联网为代表的新媒体）以及全球化的加速，以美国有线电视新闻网（CNN）、英国广播公司（BBC）环球服务中心为代表的跨国媒体开始崛起，成为西方国家开展对阿公共外交的重要倚重力量；“9·11”事件后，以半岛电台（Al-Jazeera）为代表的阿拉伯本土跨国媒体快速崛起，开始不断挑战西方媒体在地区的影响力和话语权；2007年，今日俄罗斯设立阿语频道（RT Arabic），该电台以极具俄罗斯风格和视角的播报迅速成为地区卫星频道的后起之秀，短短10年间迅速跃升至阿拉伯大众熟知的、具有广泛影响力的地区主流媒体，在平衡西方媒体舆论对阿拉伯国家的影响方面发挥了重要作用。面对如此复杂的地区媒体环境形势，我国媒体的探索之路不到20年，直到2009年中国国际电视台阿拉伯语频道（CGTN-العربية）[①] 成立，我国主流媒体才算开启了对阿传播之路。

由于阿拉伯民众长期习惯于通过西方媒体了解中国，而以美国为

① 中国国际电视台阿拉伯语频道是前中国中央电视台于2009年7月25日12:00开播的一个国际频道，是中国中央电视台继中、英、法、西后提出的第五个国际频道。

首的西方媒体在涉疆问题、反恐问题、人权问题上刻意抹黑中国，刻意歪曲中国在阿拉伯国家和穆斯林民众间的形象。在阿拉伯留学期间，我被问及最多的问题就是中国政府的宗教政策和穆斯林在中国的生活现状。另一方面，阿拉伯国家也深受西方媒体霸权之害。西方利用其在媒体传播领域的优势长期对阿拉伯国家进行意识形态渗透，有意无意妖魔化阿拉伯、伊斯兰形象，导致全球“恐伊斯兰”情绪（Islamophobia）盛行。可以说，“中国威胁论”和“好战的伊斯兰”都是西方媒体出于自身利益而精心炮制的话语体系，将非西方的各种文化根据自己的需求描述成种种可怖而丑恶的模样，并将这种扭曲的形象在非西方的各个文化之间传播，以此来对之进行分化，甚至挑拨。作为其结果之一，中国形象在阿拉伯伊斯兰世界是模糊的，阿拉伯伊斯兰形象在中国也是不清晰的。[①] 为此，中阿双方都亟须突破西方的话语体系，通过加强媒体领域合作，深化民众双边认知，加强民心沟通，为双边合作营造良好的舆论氛围。

然而，国际传播研究向来都是知易行难，这是因为其涉及的学科领域太广，研究主题众多。其跨学科领域至少包含国际关系学、政治经济学、传播学、新闻学、宣传学、信息学、国际法、文化人类学、社会学、心理学、历史学、应用语言学、通信技术等，[②] 研究的具体问题包含了控制研究、内容分析、媒介分析、受众分析、效果分析和传播主体研究等，简直是千头万绪。此外，其复杂性还体现在，实际传播过程往往与国内、地区和国际事务交织在一起，以至于罗伯特·斯蒂

① 马丽蓉：《西方霸权语境中的阿拉伯伊斯兰问题研究》，时事出版社，2007，第 244 页。

② 关世杰：《国际传播学》，北京大学出版社，2004，第 2 页。

文斯（Robert Stevens）说："国际传播难以界定，既无实质又无方法，剩下的只有地理概念。"①

鉴于此，本书采用"问题框架式"的研究方法，即围绕"阿拉伯国家主要跨国媒体是如何构建其对阿传播力的"这一问题来构建研究框架。这种以"问题"为"母题"组织研究的方法，对于国际传播研究来说是有益的，因为它避免了不必要的争辩，而将研究视角紧紧聚焦在问题的解决上。

围绕"如何提升我国对阿传播能力"这一问题，本书第一章先从20世纪90年代以来阿拉伯地区媒体的宏观环境变化入手，这一变化首先是由媒体私有化引起的。从20世纪90年代中后期开始，由于冷战结束和中东海湾战争的爆发，阿拉伯各国陆续开启媒体私有化改革，媒体产业逐渐向私人资本开放。冷战的结束导致美苏争霸在中东地区影响减弱，美国成为中东唯一的超级大国，以苏联为首的"共产主义"不再对美国构成意识形态上的威胁。与此同时，美国政治学家塞缪尔·亨廷顿（Samuel Huntington）的"文明冲突论"致使中东地区在全球媒体领域的关注度开始不断上升，并在2001年的"9·11"事件后达到顶峰。恐怖主义在全球范围的蔓延使有关阿拉伯国家的新闻迅速跃升到重要媒体的显著位置。海湾战争的爆发以及阿拉伯各国官方媒体与西方媒体在战争期间的报道表现，使阿拉伯各国深深地意识到自身在媒体竞争领域的弱势，这构成了地区媒体私有化改革重要的内部动因。由于广播电视时代阿拉伯各国政府垄断着大众媒体，国家电台

① 美国北卡罗来纳州大学新闻与传播学教授，见朱振明：《理解国际传播：问题、视角和阐释》，中国广播电视出版社，2013，第11页。

缺乏参与市场竞争的专业能力和自负盈亏的独立经济运营能力，对内构成了政府财政的沉重负担，对外无法承担起配合国家外交政策的重任。在内外交困的背景下，阿拉伯各国开启了媒体私有化进程，然而这种改革并非市场经济条件下私人资本进入媒体领域的自然结果，而是国家主导下的计划私有化，因此首批私人电台的拥有者不是统治家族、当权派的亲信，就是有政府背景的商业精英。这类媒体私有化的实质就是“通过改变政府与反对者之间的关系，通过给予一部分温和反对派精英一定的特权，将其纳入现任统治者的队伍中，进而稳固其统治基础”。尽管存在这样或那样的先天缺陷，但私有化的客观结果是导致随后 30 年间地区卫星电台数量的急剧上升，以及媒体权力逐渐向资本雄厚的海湾国家转移，卡塔尔半岛电台、沙特 MBC 电台及阿拉比亚电台、黎巴嫩的 LBC 电台等一批地区知名卫星电台采用“泛阿拉伯”“泛伊斯兰”战略与外来媒体展开竞争。

其次是传媒技术的革新。20 世纪 90 年代末以来，互联网媒体技术开始在阿拉伯地区兴盛起来，大众传播开始向人际传播发展，聚众传播开始向分众传播发展。此外，物理空间的破壁使阿拉伯地区的域内传播（阿拉伯各国民众间）和域外传播（西方国家的阿拉伯移民）更加融为一体，地区媒体的传播形势变得更为复杂化。新媒体的发展改变了公共舆论产生的环境条件，促使阿拉伯国家公共空间发生重构，从而对地区的民主政治运动产生了巨大的影响（如“阿拉伯之春”）。为应对来自新媒体的挑战，传统媒体纷纷开启了数字化改革和媒体融合之路。

再次是媒体竞争环境的变化。随着全球化发展与跨国媒体集团的出现，跨国媒体在其赞助国公共外交中的作用日益凸显，成为地区地缘政治的重要参与者、推动力和塑造者，导致各国对媒体传播力建设的重视程度与日俱增，域内和域外大国纷纷利用跨国媒体展现其在阿拉伯地区地缘政治博弈中的作用，致使该地区成为全球跨国媒体竞争最为激烈的地区之一。

以上正是当前阿拉伯地区媒体市场的竞争态势。为了应对这一白热化的竞争态势，如何选择正确的媒体战略成为开展对阿传播工作的首要任务。为此，本书第二章着重对阿拉伯地区主要跨国媒体（包括本土跨国媒体和域外跨国媒体）的传播战略展开研究。为了说明诸如卡塔尔半岛电台为什么抛弃了 20 世纪五六十年代流行于阿拉伯世界的“阿拉伯民族主义”策略，转而选择“泛阿拉伯主义”策略，它所采取的“泛阿拉伯主义”策略与纳赛尔时期的“阿拉伯民族主义”策略有何不同等问题，就必须先厘清 20 世纪 50 年代以来阿拉伯国家大众媒体的发展特点及其与地区地缘政治间的互动关系。为此，本书第二章第二节着重围绕跨国媒体、赞助国政府和对象国公众三者间的互动关系，以埃及、约旦和沙特三个阿拉伯国家为例，说明这三国的大众媒体是如何运用适当的媒体策略来实现其赞助国的内政外交目标的。紧接着，从第二章第三节开始，本书以阿拉伯地区三个主要跨国媒体——卡塔尔半岛电台、英国 BBC 阿语频道和俄罗斯 RT 阿语频道为例，研究其媒体传播战略制定的背景、主要特点与实施效果。

在研究了阿拉伯地区三个主要跨国媒体传播战略的基础上，本书第三章和第四章开始转向更为中观和微观领域，即主要探讨在既定媒体传播战略框架下，这些跨国媒体是如何通过新闻议程、报道框架的设置，以及运用适当的话语策略来具体实施其媒体战略的。

以上便是本书开展研究的内在逻辑框架，此外，本书相比国内其他同类研究的区别在于：本书希望更多地立足于阿拉伯地区媒体发展的现实环境，从传播对象国媒体传播现实和听众需求角度出发，为读者展现世界主要跨国媒体在阿拉伯地区进行国际传播的实践历程与经验，以期对我国媒体开展对阿传播有所启示，助力我国对阿传播能力建设。

曹笑笑

2022 年 5 月 22 日

目 录

第一章

阿拉伯国家的新媒体发展研究

麦克菲尔（McPhail，2019）指出，对国际传播议题的讨论需要将国际传播环境、全球政治经济及现代传播科技三者结合起来综合考虑。[①]20 世纪 90 年代以来，两组互相关联的事件和趋势，深刻改变了国际传播领域的面貌：一是冷战的结束及其在全球范围内带来的种种变化，二是经济全球化及国家间依存度的不断上升。其具体影响至少包括以下三个方面：第一，冷战之后，发达国家媒体对国际新闻的关注度显著降低成为普遍的现象。但在“9·11”事件后，恐怖主义取代冷战中的共产主义，成为西方世界的“意识形态敌人”，而有关阿拉伯国家的国际新闻迅速跃升到重要媒体的显著位置。同时，恐怖主义的全球化，也令亨廷顿在 20 世纪 90 年代早期提出的“文明冲突论”在跨文化传播领域再度引发辩论。第二，经济全球化促进了泛阿拉伯国家、东亚等地区媒介市场的成长，也令半岛电台等区域媒体崛起为与 CNN 等比肩的跨国媒体乃至“全球媒体”。第三，互联网的迅速发展以及依托它而存在的全球行动主义（global activism）的崛起。互联网本身就是全球媒体，不存在特定的民族国家，但实质上又因语言、互联网管制等因素，具有“民族国家”的特性，这种混杂性生动地展示出了国际传播领域“全球化”和“本地化”的辩证关系。这说明：一方面，即使是在文化全球化时代，民族国家仍是国际传播中重要的分析单位；

---

①Thomas L.McPhail，Steven Phipps，*Global Communication: Theories，Stakeholders and Trends*（Malden：Wiley Blackwell，2019），p.2.

另一方面，各种非政府组织和跨国组织借助互联网与本地实践相结合，形成了全球性的行动主义。

以上麦克菲尔对于20世纪90年代以来国际传播领域出现的新动向、新发展和新影响的概述在阿拉伯国家基本得到了印证。本章旨在通过梳理这一时期两种主要“新媒体”业态——卫星电视和互联网媒体在阿拉伯国家的发展情况，及其对阿拉伯国家公共空间构建所产生的影响，勾勒出当前阿拉伯国家媒体传播的总体环境和竞争态势。

第一节 “新媒体”的概念

对“新媒体”概念及其内涵探讨的主要目的在于回答以下问题：诸如什么是新媒体？相对于传统媒体，其新意在何处？两者仅仅是时间顺序上的关系吗？以此确定哪些媒体可以被称为“新媒体”，从而确立本章的研究对象。

关于何为“新媒体”这一概念，当前学界和业界讨论热烈，观点也不尽相同，大致包含以下几种论点：“传承论”“相对论”“凡数字论”“互联网论”“媒体定义回归论”“规模论”“多维论”和“一言难尽论”。“传承论”认为，新媒体是基于传统媒体发展起来的新的媒介形式；“相对论”认为，新媒体是一个相对的概念，是相对于传统媒体来说的；“凡数字论”认为，凡是基于数字技术在传媒领域运用而产生的新媒体形态即新媒体；“互联网论”认为，新媒体是建立在互联基础上实现“多对多”或“点对点”传播，具有与用户互动等交互功能的媒体形式；“媒体定义回归论”认为，媒体应该泛指从事大众传播的机构，所以新媒体应该定义为新的大众传播机构；“规模论”认为，当新的媒体形态达到大众传播规模时，即可称为“新媒体”；“多维论”与“一言难尽论”认为，新媒体有广义和狭义之分，应该多角度、多层面综合定义。[①]

以上新媒体的各种定义体现了学者们从不同角度对新媒体进行的观察，并试图从媒介形式、技术运用、传播特点等方面对新媒体特征作出概括性的描述，且均具有一定的合理性。鉴于此处讨论新媒体概念的初衷并非为了给新媒体下一个十全十美的定义，而是为了从问题研究角度来对新媒体的范围做一个框定，以免研究边界泛化，无法突出重点。在综合各方文献后，笔者认为，清华大学新闻与传播学院教授彭兰在写给全国科学技术名词审定委员会（新闻学与传播学名词审定分委员会）的专稿中，关于如何给新媒体下定义的论述对本书的研究最具有启发和指导意义。

彭兰教授指出：对新媒体的界定应充分考虑三个方面的因素。首先就是新媒体概念的演变过程及其在不同阶段代表的不同含义。[②] 20世纪60年代美国哥伦比亚广播视网技术研究所所长P.戈尔德马克（P.Glodmark）在其关于开发电子录像商品的计划书中提出，这一时期的新媒体更多指向的是电子媒体的创新性使用。20世纪80年代，“新媒体”一词被引入中国，当时对其的定义为：新的传播信息的媒介和工具，主要包括卫星通信、光纤图像通信、传真、计算机网络、双方向有线电视、文字广播等。20世纪90年代前期，CD-ROM代表了中国

① 匡文波：《新媒体概论》，中国人民大学出版社，2012，第3页。

② 彭兰：《新媒体界定的三条线索》，《新闻与传媒》2016年第23期，第120—125页。

的新媒体。到了 90 年代后期，随着互联网的全面接入，“新媒体”一词与“网络媒体”的重合度越来越高。

通过梳理新媒体一词在不同时期的含义，我们认识到在对新媒体内涵及其包含的主要形态做界定的时候，必须考虑到互联网通信技术发展不同阶段新媒体不同的指向性。也就是说如果要为新媒体下一个相对确切的定义，需要在前面加一个时期的限定。

其次，除了定义新媒体发展的不同阶段外，彭兰教授对新媒体的特征也进行了详细的论述，认为新媒体区别于传统媒体主要体现在四个方面：数字化、融合性、互动性和网络化。其中数字化和网络化是从技术角度出发的，融合性和互动性是从新媒体的传播特征出发的。

在关于新媒体特征的认识方面，学界和业界有时会因为站位与实践经历的不同产生有趣的思想碰撞。中国新媒体最早的实践者之一孙坚华在谈到新媒体区别于传统媒体最主要的特征时指出，新媒体的精髓就在于开放和民主，新媒体就是“源代码开放的媒体”。借助互联网平台而产生的“博客”“微博”正是新媒体区别于传统媒体传播的意义所在。[①] 如果基于这一特征来定义新媒体，那么当今新媒体传播的扛把子恐怕不是各类新闻传媒机构，而是具有媒体导向的互联网企业，诸如国内的百度、腾讯，美国的脸书、推特之类。

最后，彭兰教授提到了新媒体定义的使用应根据其不同的情境。如在研究新媒体传播的主体时，就需要采用在传播介质层面对新媒体的定义，如新闻机构、互联网传媒公司等；如在研究新媒体传播的效果

① 孙坚华：《新媒体革命：为什么传统媒体屡战不胜》，电子工业出版社，2016，第 37 页。

时，就需要采用在传播形式层面对新媒体的定义，如博客、微博、卫星电视、手机 App 等。

基于上述对新媒体概念的梳理，本章主要从新媒体产业形态的角度出发，研究 20 世纪 90 年代以来，对阿拉伯国家媒体传播领域产生较大影响的两个主要新媒体业态——卫星电视和互联网。

第二节 阿拉伯国家的卫星电视产业

20 世纪 80 年代中期，随着卫星通信技术的发展，卫星电视开始进入人们的视野。1986 年 6 月，美国亚特兰大市特纳广播公司创立的有线电视新闻网（CNN），通过卫星向邻近国家的电缆电视系统播送新闻，以此为标志，全球卫星电视产业开始起步。90 年代中期，卫星电视产业开始进入阿拉伯国家。在这一过程中，阿拉伯各国的媒体私有化改革促进了卫星电视的快速发展，黎巴嫩、埃及、约旦、摩洛哥等国成为最早开展媒体私有化和发展卫星电视的阿拉伯国家，而以沙特、卡塔尔、阿联酋为代表的海湾国家则凭借雄厚的石油财富，成为阿拉伯国家中拥有卫星电视数量最多、影响力最大的国家。

一、阿拉伯国家卫星电视产业发展的起步阶段

20 世纪 90 年代至 21 世纪前 10 年是阿拉伯卫星电视产业的起步阶段。在这段时期，阿拉伯卫星电视产业的发展成就主要体现在两个方面：一是技术障碍上的突破。早在 1985 年，阿拉伯国家广播联盟

（ASBU）[①] 就筹谋着进军卫星电视产业，并于当年发射了两颗用于交换新闻和电视节目的通信卫星，但由于技术水平较低，基本无法使用。直到 1999 年埃及发射了 Arabset3 卫星，阿拉伯世界卫星电视产业发展的技术障碍才算解决。二是基本实现了媒体私有化。从二战结束至 20 世纪 70 年代末，阿拉伯各国陆续从殖民者手中收回了本国电视所有权和经营权。从 70 年代末到整个 80 年代，各国媒体产业处于政府或政党垄断下，直至 90 年代，阿拉伯各国陆续开启媒体私有化改革。

80 年代中期，受经济危机[②]和新自由主义[③]影响，媒体私有化改革浪潮开始在全球范围内兴起，美国、法国、德国分别于 1982 年、1985 年和 1987 年开启了国有电台私有化进程，英国、日本等国私人电台力量也在这一时期大大加强。随后，便出现了诸如美国有线电视新闻网（CNN）、美国全国广播公司（NBC）之类的全球超级媒体。90 年代，媒体私有化浪潮开始波及阿拉伯国家。

---

① 阿拉伯国家广播联盟（ASBU）是一个由阿盟、泛阿拉伯出版公共服务机构和商业广播协会共同发起的组织，1969 年 2 月成立于苏丹的喀土穆。其目标是加强阿拉伯国家广播公司之间的联系并促进合作，以实现更好内容的开发与制作。它提供的重要服务包括工程服务、咨询服务、新闻和电视节目内容的交换服务、节目策划、广播和电视培训等，它还努力以优惠价格获得一些比赛和体育赛事的转播权，以使其会员受益。

② 指 1987 年由“黑色星期一”开始的经济危机。因为经济的不断恶化和中东局势的日益紧张，1987 年 10 月 19 日上午 9 时 30 分华尔街股市大崩溃，这就是著名的“黑色星期一”。此次经济危机是迄今为止影响面最大的一次全球性股灾，造成了世界主要股市的巨大损失。美国股票市值损失 8000 亿美元，世界主要股市合计损失达 17920 亿美元，相当于第一次世界大战直接和间接经济损失的 5.3 倍。

③ 新自由主义（Neoliberalism）是英国现代政治思想的主要派别，主张在新的历史时期维护个人自由，调解社会矛盾，维护自由竞争的资本主义制度，反对国家对于国内经济的干预，因而成为一种经济自由主义的复苏形式，自从 20 世纪 70 年代以来在国际的经济政策上扮演着越来越重要的角色。

（一）阿拉伯国家媒体私有化的原因

关于阿拉伯国家媒体私有化的动因，大致包含内外两个因素。从外因上看，主要有两大事件：一是苏联的解体，二是海湾战争的爆发。前者导致美苏争霸在中东地区影响的减弱，美国成为中东唯一超级大国，以苏联为首的“共产主义”不再对美国构成意识形态上的威胁。与此同时，美国政治学家塞缪尔·亨廷顿的“文明冲突论”开始在全球范围内甚嚣尘上，引发激烈辩论。由于中东地处欧亚非连接地带，历来就是东方文明和西方文明、海洋文明和陆地文明、基督教文明和伊斯兰文明冲突的交汇地。因此，这一时期中东地区在全球媒体领域的关注度开始不断上升，直至2001年的“9·11”事件后达到顶峰，恐怖主义在全球范围的蔓延使有关阿拉伯国家的新闻迅速跃升到重要媒体的显著位置。

1991年，伊拉克入侵科威特，海湾战争爆发，CNN通过连续17个小时不间断直播，首创了战事现场直播这一报道形式。全球观众，包括阿拉伯国家观众都在通过CNN收看战事进展，没有人在乎阿拉伯国家的电台们到底讲了什么。CNN在海湾战争中的成功，体现了90年代以来全球性超级媒体在国际政治中角色的积极转变，媒体已不仅仅是信息观察者、报道者和传递者，而是成了国际舆论的重要引导者，成为影响重大国际政治事件走向的参与力量，这种影响力后来被称为“国家软实力”。反观此时阿拉伯各国的国有电台，无论是在软件上（专业的新闻采编队伍）还是在硬件上（媒体技术）都无法和外来媒体抗衡，无论是在抵御国外舆论还是在引导国内舆论方面都显得捉襟见肘。

从内部因素看，阿拉伯各国传统媒体面临的经济困难以及国内政治改革的需要是导致这一时期媒体私有化的两大主要原因。由于广播电视时代阿拉伯各国政府垄断着大众媒体，国家电台作为广播的延伸机构，其功能相当于图形广播，内容以宣传国家（政党）内外政策、报道领导人日常生活为主，运作资金以政府拨款为主，不参与市场竞争，也无须考虑如何满足广大电视观众的需要。因此，大多数的阿拉伯国有电台不仅缺乏参与市场竞争的专业能力，也缺乏自负盈亏的独立经济运营能力，对内构成了政府财政的沉重负担，对外无法承担起配合国家外交政策的重任。

除上述经济因素外，政治上的动因主要为配合各国国内政治"自由化"改革以及对抗外部政治压力，具体到各个国家情况不尽相同，此处仅以沙特、卡塔尔、埃及、约旦四个国家为例，来描述这一时期阿拉伯各国媒体面临的新环境和新任务。

1. 沙特

整个 20 世纪 80 年代，沙特阿拉伯的政治语境发生了一系列变化。从外部来看，随着埃及总统纳赛尔的去世和新总统萨达特的上台，泛阿拉伯民族主义不再对沙特王国构成威胁。相反，1978 年，埃及与以色列在签署《戴维营协议》后，其阿拉伯联盟成员资格被暂停，埃及在阿拉伯世界的政治影响力受到极大削弱。更为积极的一面是，随着石油财富的增长、两伊战争的持续，沙特认为自己开始有机会竞争阿拉伯世界的领导权。从内部来看，作为一个高福利国家，沙特政权为国民提供了良好的医疗保健和公共教育服务，致使沙特中产阶级迅速壮大。新中产阶级对外部世界的接触和了解，使他们对沙特媒体的期望与上一代人截然不同。

基于内外环境变化，这一时期沙特媒体业面临的棘手问题是：一方面，对广播和电视内容任何形式的放宽限制，都会激起宗教团体人士的不满。1965 年费萨尔亲王在位期间，就曾发起过一次抗议电视机被引入沙特的示威游行活动，其本人也在游行中被枪杀。而另一方面，旧的媒体模式已无法继续满足沙特新生代中产阶级的需要。综合考虑后，沙特政府决定利用离岸媒体这一形式，即在境外（主要是伦敦）设立所谓独立的、私营的媒体来解决这一问题。这样一来，政府既不用对离岸媒体的内容审查承担责任，又可以继续通过财务控制来操纵这些媒体的政治内容。

1991 年 9 月，沙特在伦敦成立了阿拉伯国家的第一个卫星频道——中东广播中心（MBC）。MBC 的设立就是为了替代 CNN，以沙特的立场报道阿以和谈多边进程。因此，在随后马德里举行的阿以和谈期间，MBC 的报道变得异常活跃。之后，沙特于 1993 年和 1995 年在意大利成立了阿拉伯广播电视（ART）和轨道电视（Orbit TV），后者为付费电视。除了独立设立的这三家卫星电视外，沙特还凭借强大的财力，通过合资形式对黎巴嫩国际广播公司（LBCI）、阿拉伯新闻网（ANN）、未来电视台（Future TV）等其他卫星频道施加影响。2003 年，沙特成立了阿拉伯比亚电台（Al-Arabiya），其初衷就是“为了吸引半岛电视台庞大而忠诚的观众”[①]。在 2003 年的伊拉克战争期间，两家电台围绕战事展开了另一场线上媒体战。总而言之，尽管沙特政府

①Naomi Sakr, *Arab Television Today*（New York: I.B.Tauris, 2007）, p.7.

可能无法俘获阿拉伯观众的心灵，但它仍然试图通过在媒体（卫星电视）领域的影响力，展示其对阿拉伯世界的政治影响力。

2. 卡塔尔

半岛电台成立前一年，即 1995 年，卡塔尔现任埃米尔哈马德·本·哈利法·阿勒萨尼（Hamad Bin Khalifa Al-thani）发动宫廷政变，推翻了父亲的统治并取而代之，成为国家的第九代执政者。新埃米尔上任伊始，面临着来自内外的一系列挑战：从外部来看，政变后的卡塔尔与强大邻国沙特阿拉伯之间的紧张关系进一步恶化。根据安东尼·H. 科德斯曼（Anthony H. Cordesman）[①] 的叙述："沙特认为卡塔尔的新埃米尔毫无顾忌地宣布自身独立，这近似于一种挑起政治纷争的行为，是对沙特作为海湾合作委员会无可争议领导人的一种挑衅。"[②] 新埃米尔则指责沙特伙同其他海合会成员支持其父亲，企图推翻他的政权。事实上，他的父亲也正在积极寻求多方支持，以求重新恢复权力。在这一过程中，沙特利用自身强大的媒体优势，对卡塔尔这位新埃米尔展开了频繁的舆论攻击。

为应对来自外部的持续威胁，新埃米尔通过不断改善与美国及以色列的关系来减少外部环境的压力，包括允许美国的一个装甲旅进驻卡塔尔，并在 1996 年恢复与以色列的贸易关系。

从内部来看，新埃米尔执政的合法性及其采取的亲美、亲以立

---

① 美国战略与国际研究中心（CSIS）名誉主席，海湾网络评估项目和海湾转型研究主任。

② Anthony H. Cordesman, *Saudi Arabia Enters the Twenty-First Century: The Political, Foreign Policy, Economic, and Energy Dimensions* (Westport: Greenwood Publishing Group, 2003), p. 121.

场遭到了来自本国民众的质疑，卡塔尔政府亟须通过采取一些措施来展示有别于老一代领导人的政治风貌，塑造一个开明的、致力于变革的、富有地区影响力的新政权形象。在此背景下，半岛电台应运而生。1996年，英国广播公司（BBC）和沙特旗下轨道公司（Orbit）间协议破裂，BBC中东频道宣告解散，半岛电台顺势承接了大部分前BBC阿语频道（BBC Arabic）的职员。同年，卡塔尔政府宣布取消国家信息部，进一步为半岛电台的进取之路扫清障碍，随后半岛电台在全球范围的成功证明了新埃米尔这一伟大创举的前瞻性。

3. 埃及

1990年12月，经济困难的埃及通过阿拉伯卫星通信组织（Arabsat）[①]发射了一个24小时埃及卫星频道（ESC）。这一卫星频道推出的时机十分合适，几乎与美国领导的联军发动对伊拉克的进攻处于同一时期。[②]在战争期间，包括埃及在内的阿拉伯联军不断收到来自伊拉克广播电台的呼吁，要求他们的士兵起来反抗本国政府。埃及卫星频道在抵制伊拉克广播电台煽动、维持埃及士兵和政府间行动的一致性方面，发挥了积极作用。随后，几乎所有其他的阿拉伯国家都意识到了这项新技术代替越境无线广播电台的重要性。此后，卫星电视服务很快便如雨后春笋般在阿拉伯国家发展起来。

---

① 阿拉伯国家的一家通信卫星运营商，总部设在沙特的利雅得，该组织旨在按照国际标准向阿拉伯国家提供基于卫星的公共和私人电信服务，拥有21个成员国，在加强阿拉伯国家的卫星电视交流与传播方面发挥着至关重要的作用。

② 1990年8月，以美国为首的由34个国家组成的联军和伊拉克之间发生的一场局部战争，史称海湾战争。

4. 约旦

20 世纪 80 年代后期，约旦国内政治风险不断上升，巴勒斯坦人口的大幅增加扰乱了该国人口结构，消耗了国家的资源，加之第二次海湾战争的爆发导致了地区石油价格波动，引发了约旦国内严重的通货膨胀和外债危机，其现代化进程遭遇逆流。在数个“三年”“五年”计划中途流产之后，约旦开始在经济全球化浪潮中探索新自由主义的经济发展模式。1999 年 2 月，约旦加入世界贸易组织后，其私有化进程进一步加快，政府开始有计划地退出公共部门和国有企业，并陆续向私人开放部分国家垄断行业。在此背景下，约旦媒体业私有化改革顺势开启。

（二）阿拉伯各国媒体私有化进程

20 世纪 90 年代中期开始，黎巴嫩、埃及、摩洛哥、约旦等国率先开始发展国内卫星电视产业并启动媒体私有化改革，但由于复杂的党派纷争、保守政治势力的反对，以及极易受到来自地区外部局势的干扰，阿拉伯各国媒体私有化进程并不顺利，甚至可以说是异常曲折。除黎巴嫩外，大多数阿拉伯国家直到 21 世纪初才逐渐完成媒体领域向私人资本的有限开放。

1. 沙姆地区：黎巴嫩、约旦、叙利亚

（1）黎巴嫩

黎巴嫩是阿拉伯国家中最早开始媒体私有化的国家。内战结束后，拉菲克·哈里里（Rafik Hariri）政府开始着手消除国家对广播媒体领域的垄断。1994 年《382 号视听媒体法案》通过，黎巴嫩政府效仿法

国的高级视听委员会（CSA），成立了国家视听委员会（NAC），负责向私人电台发放广播执照。这一机构由10名成员组成，5人来自议会，5人来自内阁。有人质疑这一议事机构中有8人都是拉菲克·哈里里政府的支持者，事实上，NAC的“咨询机构”性质决定了其存在本身就只是象征性的。也就是说，如果信息部部长以“违反国家法律”为由暂停私人广播执照的颁发，NAC也只有建议权，而无实质的干涉权。此外，除了信息部外，内政部的总安全理事会也有权力对NAC的决议进行干涉，其职责中的“媒体审查”这一条使其能以危害国家安全等为由，对媒体机构进行查处和惩罚。[①] 总而言之，作为媒体私有化主要执行机构的NAC实际上受到了各方的掣肘。

（2）约旦

约旦媒体私有化进程开始于1999年约旦新国王登基。2000年7月，约旦政府发布媒体改革方案，改革计划包括解散信息部、实现政府旗下的约旦广播和电视公司（JRTVC）的部分私有化。2001年，为推进改革，国王成立了高等媒体委员会（HMC），11名委员中有前部长、军方代表、杂志主编和大学学术委员会委员，负责监督和起草相关媒体法案。

由于保守派势力的阻挠，约旦媒体改革的进展并不顺利。起初HMC起草的改革法得到了约旦首相的批准，但2002年，随着以色列入侵巴勒斯坦，阿拉伯人民对政府不作为的不满情绪使约旦政府面临巨大的舆论压力，导致政府暂停了改革进度，不少HMC内阁成员辞职。

---

①Naomi Sakr, *Arab Television Today*（New York：I. B. Tauris，2007）,p.19.

时任约旦信息部部长的穆罕默德·阿德旺（Muhammad Al-Adwan）在辞职时说道："很遗憾，在HMC工作期间，我没有看到任何来自政府的支持。"直到2003年，信息部才最终解散，由约旦视听委员会接手启动广播私人执照申请审查事宜。2004年，约旦政府共收到了17份私人广播电台和电视频道的开设申请，两年后这一数字增加到了50个，其中14家私人广播电台申请获得批准，仅有1家私人电视台通过了申请，那就是约旦联合电视广播公司（ATV）。ATV的拥有者为穆罕默德·阿言（Muhammad Al-Ayyan），是约旦第二大畅销报纸《明日报》的所有者，其妻子为约旦国王的亲戚。

（3）叙利亚

叙利亚的媒体私有化进程开始于2002年。当年叙利亚官方新闻机构宣布允许私人在国内建立电台，前提是电台播报内容不涉及政治话题。2003年，叙利亚政府向国内的4家私人电台颁发了营业执照，但直到2005年，其中2家电台"城市频道"（Al-Madina）和"阿拉比亚频道"（Al-Arabiya）才开始正式运营。

2. 北非地区：埃及、摩洛哥、突尼斯、利比亚

（1）埃及

在埃及，电台私有化改革主要通过国有卫星公司尼罗河卫视（Nilesat）来实现。1996年，尼罗河卫视成立，其中埃及广播电视联盟（ERTU）拥有40%的股份，阿拉伯工业化组织拥有10%的股份，埃及投资项目公司拥有9%的股份，其余近40%的股权由各类埃及私人金融机构或投资公司拥有。尼罗河卫视成立的初衷是为埃及本土卫星电台的发展提供平台，以应对来自沙特控制的各类泛阿拉伯电台的挑战。1998年，尼罗河卫视发射了101卫星。2000年8月，尼罗河卫视完成了102卫星的发射。这两颗卫星的电台容量达到了230家。同年，《埃及广播法》完成修订。新广播法允许埃及本土私人企业和国外企业在埃及媒体城设立卫星电台，这是埃及电台私有化和市场化进程中十分重要的一步。在这之后，埃及私人卫星电台数量开始逐渐增多。其中，具有代表性的为2001年艾哈迈德·拜贾特（Ahmad Bahgat）创建的“梦想电台”（Dream TV）和哈桑·拉特卜（Hassan Ratab）创建的“轴心电台”（Al-Mehwar）。

（2）摩洛哥

摩洛哥媒体私有化开始于1998年，摩洛哥前反对派领导人阿卜杜拉赫曼·优素菲（Abderrahman EI Youssoufi）和前通讯部部长拉比·马萨利（Labi Messari）成立了一个特别工作小组，着手规划改革事宜，但随即遭到了来自王室统治势力的反对。1999年，穆罕默德五世（Muhammed V）继位。新国王打着媒体解放的幌子，于2001年至2002年期间成立国家视听通讯委员会（HACA），由无线电广播最高委员会（CSCA）和视听通讯总局组成。CSCA的9个成员都由国王负责任命，任期不受限制，就这样CSCA成了国王的钱袋子。

2005年底，CSCA宣布收到49个私人广播电台申请和7个私人电视频道申请，这些申请人中包括摩洛哥首相的儿子德瑞斯·贾托（Driss Jettou）以及军队高管的儿子。随后，4个私人电视频道申请进入了第二轮筛选：一个为里特莫电视台（Ritmo TV），拥有意大利背景，主打音乐、娱乐节目；一个由法国投资者皮埃尔·兰伯特（Pierre Lambert）赞助，主要针对卡萨布兰卡和马拉库什两个地区进行播送；一个为前《宣言报》记者阿卜杜·哈代尔·贾马尔（Abdel Kader Jamal）与其意大利赞助商赞助；第四个为来自摩洛哥私人广播电台梅迪尔（Medil）的申请，其初衷是希望通过建立私人电视台来扩充其新闻的传播渠道。

（3）突尼斯

随着突尼斯国家电台收视率不断下降和严重的经济亏损，政府于 2003 年 11 月开启电台私有化改革。突尼斯第一个私人电台“马赛克”（Radio Mosaic）的所有者为总统穆罕默德·本·阿里（Muhammed Ben Ali）的合伙人。2005 年，突尼斯商人拉比·纳斯拉（Larbi Nasra）的私人频道“汉尼拔”（Hannibal）电台上线，播报内容主要以音乐、电影和体育等娱乐节目为主，针对青少年群体，但经营状况惨淡。

（4）利比亚

利比亚的情况与突尼斯相似，政府于 2006 年 1 月宣布允许私人电台运营，其第一家私人电台的所有者为利比亚总统卡扎菲的儿子赛义夫·伊斯兰·卡扎菲（Saif Al-Islam Gaddafi）。

3. 海湾阿拉伯国家：阿联酋、科威特、沙特

（1）阿联酋

海湾阿拉伯国家媒体业起步较晚，但发展较快。20 世纪 90 年代，阿联酋的迪拜和首都阿布扎比开始大力发展卫星电视产业。2002 年，迪拜媒体城的成立标志着其卫星业发展进入快车道。截至 2019 年，迪拜和阿布扎比的 4 个“自由媒体城”共有 4000 多家来自各国的媒体公司，这使得阿联酋成为名副其实的阿拉伯媒体中心。尽管如此，严格的媒体审查制度使其媒体环境并没有宣称的那么自由。2016 年，无国界记者组织关于新闻自由度指标的排名中，阿联酋位列 180 个国家中的第 119 位。①

与大多数海湾国家类似，阿联酋境内的综合类频道基本由国家电台垄断，主要为 1969 年成立的阿布扎比媒体公司旗下频道（阿联酋最早的电视频道）和 2003 年成立的迪拜媒体公司旗下频道。但由于阿联酋境内拥有大量外来人口，私人频道的多样性得到了充分体现，它们针对不同群体运用不同语言（主要为英语和印地语）进行播送。为了应对大量外来文化的冲击，阿联酋政府为此还开设了专门用于传播本土文化的卫星频道。

（2）科威特

科威特媒体私有化开始于 2003 年，政府宣布向私人资本开放卫星业务。同年，它向 3 家私人媒体发放了卫星营业执照。2004 年，科威特政府再次向 2 家私人电台颁发执照，但这些电台中只有“观点频道”（Al-Ra' yi）②1 家电台播送政治类新闻和宗教节目。

（3）沙特

沙特于 2006 年启动国内媒体私有化进程。当年沙特文化和信息部部长表示他们已经收到了 20 个私人电台设立的申请。阿曼第一个私人电台执照于 2005 年 10 月颁布，其获得者为阿曼国际控股公司（OHI）。该公司拥有者为玛格博尔·哈梅德·拉希德（Magbool Hameed

---

① 详见 fanack 网站 2020 年 1 月 23 日新闻报道，检索于 https://fanack.com/ar/united-arab-emirates/society-media-culture/uae-media/。

② 该频道所有者为贾西姆·布代（Jassem Boodai），是科威特知名企业家，主要涉足贸易、建筑和交通领域，之前并未有媒体领域的经验。同期，随着科威特向私人开放航空业，贾西姆·布代也随即进入了科威特的航空领域。

al-Rashidi)[①]，其电台节目不涉及政治，主要以娱乐节目为主。

（三）阿拉伯国家媒体私有化特点

阿拉伯国家媒体的私有化改革并非全球化时代私人资本扩张进入媒体领域的自然结果，而是阿拉伯各国迫于外部竞争压力和配合内部政治“自由化”改革的需要，由政府主导的自上而下的计划性行为，其结果必然导致私有化的不充分，这种不充分主要体现在以下两个方面。

1. 私有化经营主体为政治特权阶层和商业精英阶层

通过对阿拉伯各国早期私人媒体的梳理可以发现，几乎所有阿拉伯国家（摩洛哥、约旦、突尼斯、利比亚以及沙特）首批私人电台的所有者不是国王、总统和部长的亲属，就是其合伙人。在埃及，情况看起来更为复杂，首批私人电台所有者除来自统治家族和当权派的亲信外，也出现了商业精英，如2001年成立的埃及第一个私人卫星频道“梦想电台”的所有者为美国籍埃及著名商人艾哈迈德·拜贾特。但也有人认为，艾哈迈德·拜贾特就是埃及前总统穆巴拉克儿子的代理人，[②]证据是他用每平方米5基尔汗的价格买入了“梦想城”（Dream Land）的土地，随后以每平方米120埃镑的价格将其卖给了国民银行。也有

① 阿曼知名商人，曾担任阿曼商业银行董事长，1976年创建阿曼控股国家公司（OHI）。

② Timothy Mitchell, “No Factories, No Problems: The Logic of Neo-liberalism in Egypt,” *Review of African Political Economy* 26, no. 82 (1999): 463.

研究者认为，他与埃及军方关系密切。① 不论真相如何，从股权构成上来看，埃及政府仍然通过埃及广播和电视联盟，掌握了“梦想电台”10%的股权。

除了“梦想电台”外的另一个例子是“轴心电台”。这一电台由埃及知名商人哈桑·拉特卜（Hassan Ratab）在2001年创立。除87%的股权为私人股权外，政府通过埃及广播和电视联盟、尼罗河卫视以及“10月6号”媒体城持有剩余13%的股权。除直接参股外，电台的董事会成员几乎清一色都是政府官员、亲政府精英和埃及执政党成员，包括埃及广播和电视联盟负责人哈桑·哈马德（Hassan Hamed）、尼罗河卫视负责人爱敏·巴桑尼（Amin Bassouny）、媒体城的负责人阿卜杜拉赫曼·哈菲兹（Abdulrahman Hafez）以及埃及国大党主要人物侯赛姆·巴德拉维（Hossam Badrawi）和穆斯塔法·萨拉卜（Mustafa Al-Sallab）。

正如娜奥米·萨卡尔（Naomi Sakr，2005）总结的那样：“当越来越多的阿拉伯官方媒体面临来自国际新闻媒体和私人频道的挑战时，他们开始害怕失去他们的电视合法性和媒体焦点，于是他们开始转换控制模式。那就是通过改变政府与反对者之间的关系，通过给予一部分温和反对派精英一定的特权，将其纳入现任统治者的队伍中，以此来排除那些激进的反对派群体。通过这种方式，扩大统治者队伍，进

①John Sfakianakis,“The Whales of the Nile: Network, Businessmen and Bureaucrats during the Era of Privatization in Egypt,” in *Networks of Privilege in the Middle East: The Politics of Economic Reform Revisited*, eds.S. Heydeman (New York: Palgrave Macmillam, 2004), p.93.

而稳固其统治基础。”①

2. 私人电台的内容受到政府严格审查

在阿拉伯国家，不论一国政治体制如何，也不论这个国家统治者开明与否（或者至少是以开明和改革派形象出现的），国家对私人电台播出的内容都进行了严格的审查和监控，以确保其不对当权者造成诽谤或威胁，不会引起社会的不安和骚乱。因此，私人电台通常面临着来自两个方面的压力：一是政府严格的媒体审查和监控制度；二是收视率的压力。后者决定了电台是否对广告商具有吸引力，能否实现商业盈利以便进行可持续发展，这要求私人电台必须很好地掌握内容上的标新立异与安全保险间的分寸。

仍以埃及的“梦想电台”为例，其《十点档》节目经常被用来引证私人电台在政治脱口秀方面的成就。节目利用极具争议的政治话题和社会禁忌类话题（如非法婚姻、离婚、男性手淫等）收获了极高人气。但在2003年，由于埃及著名作家和思想家穆罕默德·侯赛因·海卡尔（Muhammad Hassanein Heikal）、哈姆迪·卡迪尔（Hamdy Qandil）、易卜拉欣·艾莎（Ibrahim Eissa）等主持人在节目中就阿拉伯政权治理无能、埃及权力世袭和国民劣根性等话题展开讨论，触犯了当局红线，继而遭到禁播。

易卜拉欣·艾莎在回应遭“梦想电台”解雇时说：“当我和‘梦想电台’签约时，我提出了以下条件：我可以享受言论的自由，可以自由表达人们的感受。一开始事情进展得都很顺利，但随后他们（指审查机构）

①Naomi Sakr, *Arab Television Today* (New York: I.B.Tauris, 2007), p. 47.

开始盯上了我，要求编辑对我的节目进行剪辑，埃及首相亲自上门要求取消我的节目，并以此作为帮助艾哈迈德·拜贾特渡过经济难关的条件，这才是问题的实质。尽管艾哈迈德·拜贾特否认其在经济上遇到了麻烦，但即便在那一刻事实并非如此，埃及政府也有办法为其制造麻烦，在这一点上他没有太多的选择。”[①] 这也是为什么阿拉伯国家私人电台很少涉及政治类节目的原因所在。

二、阿拉伯国家卫星电视产业快速发展期

2010 年底开始的“阿拉伯之春”革命，对地区媒体发展产生了重要影响。这一时期，许多业界和学术界人士都将关注焦点集中在阿拉伯国家社交媒体上，以至于使人忽略了这样一个事实：在 2010—2012 年的“阿拉伯之春”期间，通过各个卫星电台收看地区热点新闻的观众人数迅速增长，观众花在电视新闻上的时间也比以往大幅增加。在埃及、马格里布地区[②] 和阿联酋，观看各个卫星电台新闻成为最受欢迎的事情。[③]

“阿拉伯之春”革命改变了人们收看卫星电视的习惯。根据数据所示，革命前有 26% 参与调研的阿拉伯观众有每天观看卫星电台新闻的习惯。革命期间，这一比例上升至两倍多，达到了 58%；（见图 1）革命前，阿拉伯观众每天花在收看卫星电台新闻上的时间超过 1 小时人

① Naomi Sakr, *Arab Television Today*（New York：I.B.Tauris, 2007）, p. 29.

② 非洲西北部地区，阿拉伯语为“日落之地”。目前包括摩洛哥、阿尔及利亚、突尼斯、利比亚和毛里塔尼亚五个阿拉伯国家。

③ 迪拜媒体俱乐部：《阿拉伯媒体发展报告：2016—2018》（阿拉伯文），2018 年，http://www.dpc.org.ae/Portal/en/amo/editions/request.aspx?v=5。

群的比例仅为 9%，革命期间这一比例上升到了 31%。（见图 2）

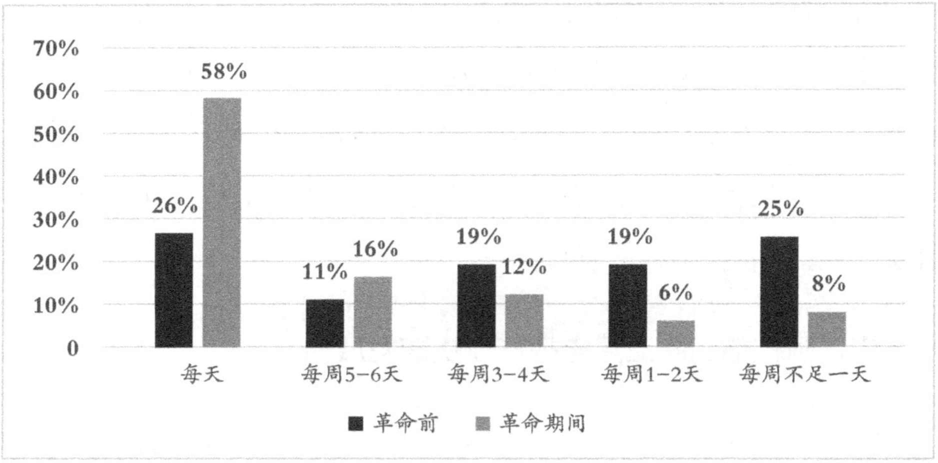

图 1 “阿拉伯之春”革命前和革命期间阿拉伯民众每周收看卫星电视频率 ①

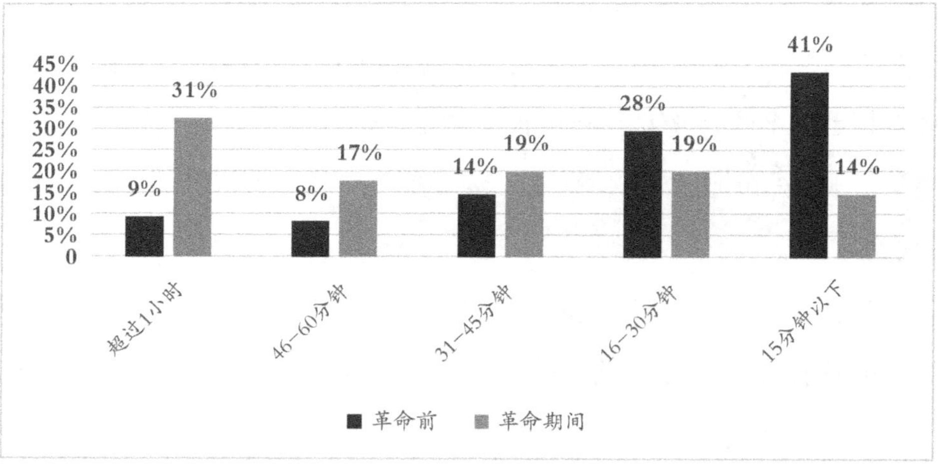

图 2 “阿拉伯之春”革命前和革命期间阿拉伯民众每天收看卫星电视时长 ②

① 迪拜媒体俱乐部：《阿拉伯媒体发展报告：2011—2015》（阿拉伯文），2016 年，http://www.dpc.org.ae/Portal/en/amo/editions/request.aspx?v=5。

② 迪拜媒体俱乐部：《阿拉伯媒体发展报告：2011—2015》（阿拉伯文），2016 年，http://www.dpc.org.ae/Portal/en/amo/editions/request.aspx?v=5。

收视习惯的改变也反映了这一时期阿拉伯各卫星电台在新闻播报质量上的提升。在受调查的民众中，大部分阿拉伯观众肯定了2011年“阿拉伯之春”革命以来，阿拉伯卫星电台新闻报道的质量有了很大的提高，特别是部分私人电台，凭借着独特的视角和为意见少数派提供发声渠道，影响力甚至超过了官方频道。因此，与革命之前阿拉伯观众宁可将目光聚焦在CNN、BBC等西方媒体上的情形不同，“阿拉伯之春”期间阿拉伯卫星频道更受阿拉伯观众青睐。其中，卡塔尔的半岛电台和沙特的阿拉比亚电台（Al-Arabiya）成为最受欢迎的两个电台。

2014年，阿拉伯国家收看卫星电台的家庭数量达到了5000万家，开展卫星业务的机构数量达到了724家，到2016年这一数字上升到了819家，比2011年增长了近60%。私人卫星频道数量约占到了各国卫星电台总数的80%左右。（见图3）这些新增频道分布在埃及、阿联酋、沙特、黎巴嫩和卡塔尔五个国家。其中，不同国家频道类型分布差异较大，如埃及以影视剧频道为主，沙特、卡塔尔以宗教频道为主，黎巴嫩则是以新闻和财经类频道为主。（见图4）

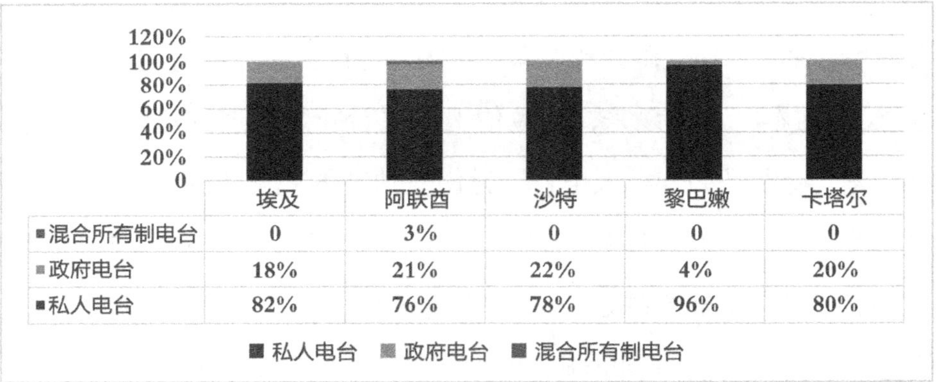

图 3 阿拉伯各国卫星电台所有制情况（2016 年）[①]

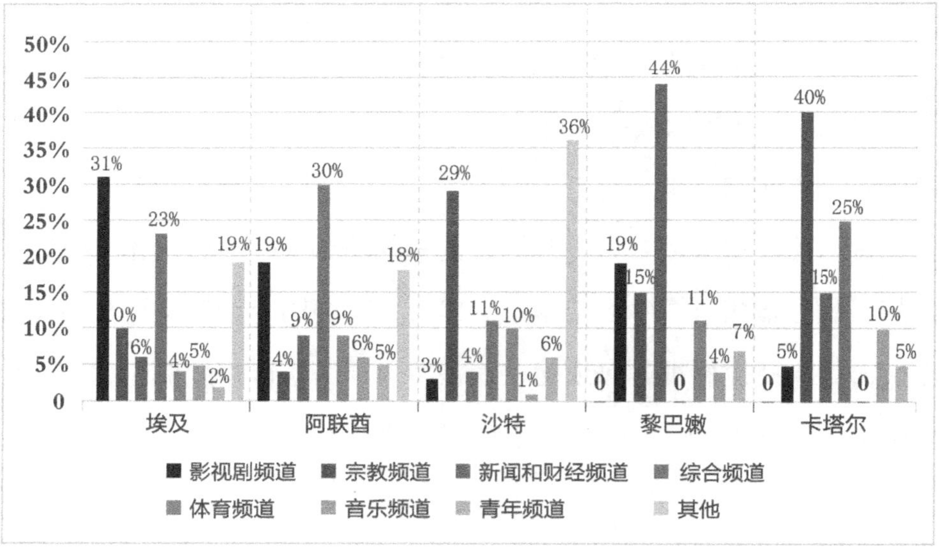

图 4 阿拉伯各国免费卫星频道分类情况（2016 年）[②]

① 卡塔尔（美国）西北大学、阿拉伯媒体顾问机构:《2016 中东媒体产业发展报告》(英文), 2016 年, http://www.mideastmedia.org/industry/2016/tv/#s17。

② 卡塔尔（美国）西北大学、阿拉伯媒体顾问机构:《2016 中东媒体产业发展报告》(英文), 2016 年, http://www.mideastmedia.org/industry/2016/tv/#s13。

可以说，尽管阿拉伯国家年轻人的数量众多，社交媒体发展迅速，但直到今天，卫星电视仍是阿拉伯国家最普及和最受欢迎的大众媒体，与网络新媒体相比，其优势仍然十分突出。

三、阿拉伯国家卫星电视产业发展面临的挑战

尽管10年来阿拉伯国家卫星电视不论是从数量上还是质量上都有了很大发展，但来自内部和外部的挑战仍然艰巨。

1. 地区网络新媒体发展带来的挑战

虽然“阿拉伯之春”期间以及稍后一段时间内，地区民众通过卫星频道收看新闻节目的人数在增多，但这一趋势于2014年开始出现了逆转。美国西北大学卡塔尔分校关于中东媒体的年度报道显示，从2014年到2018年，通过卫星收看新闻观众的人数比例从69%下降到了54%，这一比例在年轻人群体中更低。[①] 由于阿拉伯国家的青年人口比例远远高于其他国家和地区，[②] 未来来自互联网新媒体的竞争将会更加激烈。

2. 外来媒体文化产品带来的冲击

从阿拉伯观众的收视喜好来看，不同年龄段的观众都表现出对英语类节目的收视偏好。其中45岁以上人群比例最高，接着是25岁以

① 卡塔尔（美国）西北大学、阿拉伯媒体顾问机构:《2018中东媒体产业发展报告》（英文），2018年，https://www.qatar.northwestern.edu/docs/publications/research/2018-media-use-survey-report.pdf。

② 阿拉伯国家15—34岁青年的人口数量约1.46亿人，占到了总人口数的34%以上。参见网址：https://www.washingtoninstitute.org/policy-analysis/challenges-behind-youth-leadership-arab-world。

下青年群体。（见图 5）影视类节目特别受欢迎，欧美制作的影视作品吸引了大批阿拉伯年轻人的注意力，印度宝莱坞电影和土耳其电影也占有相当比例的市场份额。从区域差别来看，海湾阿拉伯国家因为拥有大量的外来人口，其英语类频道和节目的渗透率更高。反观阿拉伯国家，埃及、黎巴嫩等原先的阿拉伯影视强国，由于持续的国内革命和长期的经济不景气，其市场份额正在逐渐消减。

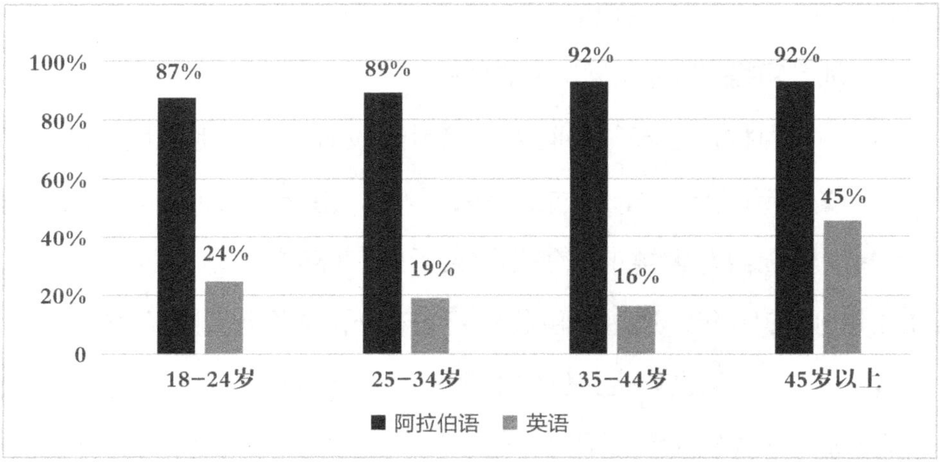

图 5 阿拉伯观众收视偏好（按语言分类）①

3. 地区经济低迷的负面承压

由于地区局势的持续动荡，阿拉伯国家的经济普遍低迷，人均家庭收入极低，阿拉伯国家的付费卫星频道市场仍十分有限，其渗透率仅为 40% 左右，远远落后于 60% 的世界平均水平。目前大部分卫星频道的盈利模式仍以传统付费广告为主，占到电台总收入的近 90%。盈

① 卡塔尔（美国）西北大学、阿拉伯媒体顾问机构：《2018 中东媒体产业发展报告》（英文），2018 年，https://www.qatar.northwestern.edu/docs/publications/research/2018-media-use-survey-report.pdf。

利模式的单一性造成了低水平重复建设和恶性竞争现象严重。阿拉伯广播联盟的调研报告指出，现有的卫星频道中超过一半是小成本、小制作的娱乐性频道，另一小半中也有很多频道面临着激烈的生存压力，在未来三年内可能被收购或关闭。①

乐观的一面是，近年来阿拉伯国家付费电视的增长仍是可喜的，2014 年到 2019 年间其付费电视用户比例从 29% 增长至 40%，复合增长率达到了 8.4%，尤其是海湾阿拉伯国家，付费电视的比例更高。②这也说明，电视产业未来的发展很大程度上取决于地区总体经济情况的好转。

4. 媒体监管制度的严格钳制

尽管目前阿拉伯国家私人卫星频道在数量上已达到了卫星频道总数量的 80% 左右，其中一些国家如黎巴嫩的比例高达 96%。但正如之前所提到的，私人卫星频道发展面临的一个重要障碍就是国家严格的媒体审查制度。阿拉伯各国政府利用经济手段、立法手段和国家紧急状态法令三种方式，对媒体内容进行严格的把关。

（1）经济手段

那达·爱敏（Nada Amin）关于阿拉伯国家媒体所有制和媒体独立性相关度的研究详细描述了阿拉伯国家政府通过经济手段对独立媒体新闻内容实施控制的几种方式，包括征收重税、处以罚款以及勒令禁

---

① 刘欣路、马晓颖：《阿拉伯卫星电视媒体发展特征与启示》，《对外传播》2017 年第 12 期，第 76—78 页。

② 迪拜媒体俱乐部：《阿拉伯媒体发展报告：2016—2018》（阿拉伯文），2018 年，http://www.dpc.org.ae/Portal/en/amo/editions/request.aspx?v=5。

止广告商向独立媒体投放广告等。事实上，很多时候广告商也宁可将广告投向官方媒体，以减少由于触犯当局致使媒体停播而带来的经济损失。[①]

文章还提到了这类经济制裁导致的另一后果是媒体腐败。阿拉伯记者们糟糕的收入使其中一部分人不得不将独家新闻、花边新闻和政治丑闻作为出售牟利的工具。2015 年，《哲鲁丝之家》[②] 正是以这一现实题材为背景拍摄的一部电视剧，播出 12 集后便遭到了阿拉伯各国的禁播。

（2）立法手段

为确保私人媒体能在安全、合理范围内运行，阿拉伯各国都制定了相关媒体法和审查制度。沙特 1992 年的《国家基本法》第 39 条规定，“媒体应以促进国家教育和维护国家统一为己任，禁止发布任何威胁国家安全和公共关系的煽动性言论和分裂言论”。摩洛哥 1996 年的《28 号法令》规定，“禁止播送任何损坏王国神圣形象、社会道德、伊斯兰教教义和人民尊严的内容”。巴林伊斯兰教法委员会在 2005 年颁布的《新媒体法》中规定，“私人电台播送内容必须符合伊斯兰和巴林社会的价值观，任何记者发布侮辱、批评国王、国家宗教，提倡社会分裂和宗教分裂，企图颠覆政权内容的新闻都将面临至少六个月的监禁”。科威特国民大会 2006 年 3 月通过的《新闻法》规定，“任何媒体发布

① Nada Amin, “Ownership of Media and the Impact on the Independence of Journalistic Content: The Case of Sudan,” *Siyasat Arabiya*, no 33 (2018): 93-116.

② 这一电视剧根据真实故事改编，讲述了一名阿拉伯商人试图通过贿赂、勒索记者等方式掩盖自身不光彩的过去，这一电视剧在 2015 年斋月期间首次播出。

侮辱真主、先知、先知家族成员和伊斯兰教基本信仰的新闻，都将面临至少一年的监禁并处以罚款；如发布任何煽动颠覆政权的言论，将面临终身监禁”。2008年，阿拉伯国家联盟甚至推出了一项集体媒体审查制度协议并规定，“禁止广播公司传播任何可能损害社会和谐、民族团结、传统价值观以及危及公共秩序的内容；同时授权阿拉伯各国家政府制定必要措施以处理违法行为，并有权向违反规定的媒体单位收回、冻结其工作许可证”。除黎巴嫩和卡塔尔两个国家外，其余阿拉伯国家均签署了这一协议。①

由于这些法令对“国家声誉”“社会道德”“人民尊严”等词汇的模糊界定，使法律条文对新闻事件的适用性通过人为解释被无限扩大，半岛电台就曾经因为其政治言论类节目“触犯了领导者权威、破坏其形象”，在阿尔及利亚、巴林、伊拉克、约旦、科威特、沙特、苏丹、突尼斯、埃及等多个阿拉伯国家遭到封锁和禁播。

（3）国家紧急状态法令

国家紧急状态法令是指当一国宣布进入紧急状态时，政府被赋予对媒体和个人额外的审查权，允许以“危害国家安全、散播煽动性言论”等理由逮捕和拘留可疑人员，并使用特殊法庭进行审判，其裁决不得上诉。之所以称之为“紧急状态”，是因为在紧急状态下社会处于非常态化中，政府权力极易被滥用。总而言之，宣布“紧急状态”将对一国政治、经济和社会造成巨大伤害，是不得已而采取的断然措施，但

①Mark Evans, “A Pan-Arab Censorship Effort Threatens TV Industry,” *The Holleywood Reporter*, April 3,2008, https://www.hollywoodreporter.com/news/a-pan-arab-censorship-effort-108486.

在许多阿拉伯国家中，“紧急状态”常常变成社会常态，其持续时间可长达数十年之久。

埃及自 1981 年开始，就始终处于国家紧急状态之下。2005 年埃及总统大选期间，穆巴拉克曾承诺取消国家紧急状态，但这一承诺并没有兑现，2006 年他利用另一项法令——《反恐怖主义法令》代替了紧急法令，继续维持原状。穆巴拉克在接受《法国日报》的采访中说：“在埃及，只有伊斯兰主义者要求废除这一法令，但我绝不允许国家因此发生动乱。”这一发言是针对半岛电台驻开罗台长侯赛因·阿卜杜·汗尼（Hussein Abdel Ghani）说的。侯赛因之前曾报道了 2006 年 4 月发生在西奈半岛以及随后发生在比勒拜斯的一系列炸弹爆炸事件，报道声称事件至少造成了 24 人死亡、85 人受伤。但埃及内政部部长对此坚决否认，认为这些报道在埃及散布了恐慌情绪，侯赛因因此被捕，其罪名为传播虚假消息、危害国家安全和制造混乱。[①] 在巴林，国家紧急状态从 1974 年一直持续到 2001 年。阿尔及利亚自 1992 年开始，始终处于紧急状态之下。

严格的媒体监管制度产生的又一影响是大众媒体的娱乐化趋势越来越明显。从统计数据来看：新增的各类卫星频道中，娱乐类、文体类频道占据的比例越来越大，其中真人秀类节目上升幅度最为明显，2012 年至 2014 年短短两年间比例从 10% 上升至 33%；而下降最明显的则是新闻和纪录片类节目，其比例从 2012 年的 21% 下降至了 2014 年的 6%。

---

①Nadia Abou El-Magd,“Egypt Frees Al-Jazeera Cairo Bureau Chief,” AP NEWS, April 28, 2006, https://apnews.com/a9d190a24aa798aef078e5ff833b0c55.

阿拉伯卫星电视产业近30年的发展，经历了从国家垄断媒体向私人资本开放，私有媒体数量急剧上升，到如今逐渐进入减量提质阶段。未来地区媒体产业能否持续发展，实现从多到强的转变，很大程度上取决于政治体制改革和经济发展程度。可以说，近30年的媒体私有化改革之路，折射出阿拉伯各国政治民主化进程的艰难与曲折。

第三节 阿拉伯国家的互联网媒体产业

1986年美国国家科学基金会（NSF）成立了基于TCP/IP技术的国家科学基金网（NSFNET），用于连接美国数个超级计算机中心和主要大学科研机构，至此，世界上第一个互联网诞生并迅速连接到世界各地。到了20世纪90年代，随着Web技术和浏览器的出现，互联网开始在全球范围内得到普及。

一、阿拉伯国家互联网媒体产业发展的三阶段

阿拉伯国家互联网产业发展经历了20世纪90年代的触网期、2000—2011年的发展增速期和2011年至今的高速增长期三个阶段。相应地，其互联网媒体产业发展也经历了以门户网站为标志的Web1.0时代、以博客为标志的Web2.0时代和以社交媒体为标志的Web3.0时代。

（一）以门户网站为标志的 Web1.0 时代

20 世纪 90 年代是阿拉伯各国的触网期。1991 年，突尼斯成为首个接入互联网的阿拉伯国家，随后埃及（1992）、科威特（1992）、沙特（1994）、摩洛哥和黎巴嫩（1994）、阿联酋（1995）、卡塔尔和叙利亚（1996）相继触网。

在这一阶段，多数阿拉伯国家的互联网应用完成了从大学、政府机构向社会机构、个人的开放过程，但由于技术的局限性、互联网基础设施建设的落后，互联网远没有进入大众普及阶段。一方面，大多数阿拉伯国家的上网费用昂贵，普通民众根本负担不起；另一方面，各国政府对互联网监管也十分严厉。与同期世界其他国家和地区相比，阿拉伯国家的互联网产业处于发展的洼地。

1. 突尼斯

突尼斯是首个接入互联网的阿拉伯国家，其入网时间为 1991 年，但直到 1996 年突尼斯互联网网署（Tunisian Agency for Internet）成立，互联网应用才开始在突尼斯全国范围内普及。突尼斯政府鼓励外国资本参与互联网基础设施建设和运营，到 2010 年，国内共有 12 家互联网运营商，其中 7 家为政府公共类机构，5 家为私人机构。

2. 埃及

1992 年，埃及大学和巴黎“Bytenet”公司实现联网，开始触网之旅，彼时只有埃及大学和埃及境内的两个数据中心实现了互联网连接。1994 年，数据中心向埃及各部委和省政府机构提供互联网服务，埃及大学则向少数兄弟院校和学术科研机构提供互联网接入服务。

1997 年，数据中心开始向 16 家私有企业及个人用户提供互联网接入服务。2000 年，从事门户网站服务的埃及互联网公司数量增加到了 68 家。

3. 科威特

早在 1990 年，科威特大学首次通过 IBM 公司的 Bitnet 接入互联网，当时的网络主要用来收发电子邮件，但随着海湾战争爆发，伊拉克的入侵导致科威特大学计算机中心被毁。1992 年，在科威特大学和科威特通信部的共同努力下，美国通信公司 Sprint 和科威特大学达成互联网接入协议，这被认为是科威特互联网发展的开端。1998 年，科威特推出 ADSL 宽带业务。

4. 沙特

1994 年 2 月，沙特费萨尔私人医院实现互联网连接，标志着沙特接入世界互联网世界。当年 5 月，沙特域名 .sa 完成注册。但由于沙特长期以来对西方技术的抵制立场，直到 1997 年沙特政府才批准私人入网。

5. 阿联酋

阿联酋的触网历史可追溯到 1995 年，直到 2006 年，“Etisalat”公司[①]一直垄断着阿联酋的电信通信和互联网业务。随后，阿联酋政府为打破垄断，提升服务质量，开始引入另一家互联网供应商“DU”（阿联酋综合电信公司）。在互联网发展和应用领域，阿联酋一直走在阿拉伯国家的前列，其互联网基础设施建设和普及率都遥遥领先地区其他

①Etisalat 是阿联酋最大的综合电信运营商，有“中东沃达丰”之称，成立于 1976 年，曾是阿联酋唯一的移动通信运营商。

国家。为吸引更多的国内和国外投资者，迪拜政府于 2000 年开始建设“迪拜互联网城”（Dubai Internet City），这一项目是阿拉伯国家中最早的互联网概念媒体城。

6. 巴勒斯坦

其入网时间可追溯到 20 世纪 90 年代末期，到 2001 年，巴勒斯坦境内拥有 13 家开展互联网服务业务的公司。2005 年，国家互联网管理署（PNA）成立。由于巴勒斯坦境内的互联网运营商不具备直接运营能力，而是通过向以色列购买相关服务，因此，相比周边其他阿拉伯国家，巴勒斯坦境内的上网费用一直居高不下。

7. 伊拉克

伊拉克的入网时间在 20 世纪 90 年代末，当时伊拉克仍处于萨达姆政权统治之下，由于严格的监管制度，私人无法直接在家上网，人们只有到公共网吧才能上网。随着萨达姆政权的倒台，互联网被允许进入个人家庭，但由于费用高昂，普通人根本无力承担。此外，伊拉克复杂的政治环境，也阻碍了互联网的快速发展。

8. 黎巴嫩

早在 20 世纪 90 年代早期，黎巴嫩就开始了国内的互联网基础设施建设工作。与其他阿拉伯国家由政府机构或少数互联网公司垄断互联网行业不同，黎巴嫩政府允许私人企业在电信产业的自由竞争，其互联网业务也基本由私人企业负责运营。

除互联网基础设施发展不充分外，这一时期，以门户网站为主的互联网媒体形式虽然加快了信息的传播速度，但从信息产生和流向来讲仍是一种单向性、封闭性的传播媒介，充其量只是原有大众媒体传播渠道的衍生。

（二）以博客为标志的 Web2.0 时代

从 21 世纪开始，阿拉伯各国在宽带技术的引领下陆续进入互联网发展增速期。2001 年，沙特通信公司率先推出 ADSL 宽带接入服务。2002 年，突尼斯开始发展 ADSL 宽带连接业务。同年，埃及政府推出“免费互联网”振兴计划，通信和数字科技部下属企业——埃及通信公司与数家互联网服务商签署合作协议，逐步实施提速降费。从 2004 年至 2006 年，埃及宽带费用从每月的 150 埃镑减至 95 埃镑。

2010 年前后，阿联酋、巴林、科威特、卡塔尔四个海湾阿拉伯国家陆续步入互联网基础设施发展的快速增长期。其中，阿联酋是所有阿拉伯国家中宽带普及率最高的，宽带普及率达到了 14.8%（2010 年数据见表 1），与同年中国宽带普及率水平相当。

表 1　2006—2010 年部分阿拉伯国家固定宽带普及率

国家	固定宽带普及率（%）	
	2006 年	2010 年
阿联酋	5.03	14.8
巴林	5.79	12.6
科威特	1.17	9.7
卡塔尔	5.58	9.6
黎巴嫩	不详	7
沙特	0.8	6.8
突尼斯	0.45	5
约旦	0.98	4.7
阿曼	0.53	2.8

续表

国家	固定宽带普及率（%）	
	2006 年	2010 年
巴勒斯坦	0.69	2.5
埃及	0.28	2.2
摩洛哥	1.28	1.8
利比亚	不详	1.2
叙利亚	0.04	0.6
也门	0.01	不详
毛里塔尼亚	0.06	不详

数据来源：根据国际宽带可持续发展委员会（Broadband Commission for Sustainable Development）各年度报告数据整理。（网址：www.broadbardcommission.org）

阿拉伯各国经济发展的极度不平衡导致了地区互联网发展水平参差不齐。由于人均收入和电脑普及率较高，以及互联网基础设施建设相对成熟，海湾阿拉伯国家位于第一梯队，其互联网发展速度最快；以黎巴嫩和约旦为代表的沙姆地区阿拉伯国家次之；随后是以突尼斯、摩洛哥、埃及为代表的北非阿拉伯国家。

这一时期，有两件事显示了博客这一互联网媒体形式对阿拉伯世界政治的重要影响：一是 2003 年开始的美国入侵伊拉克战争；二是 2005 年发生在埃及的“受够了”运动。

2003 年美军发动伊拉克战争，博客开始进入阿拉伯公众视野。战争期间，以伊拉克工程师萨莱姆·巴克斯（Salam Pax）为代表的一群博主开始每天在博客中更新关于战争的最新报道，他们成了阿拉伯世界的第一批博主。2003 年至 2007 年间，一位化名为“河湾”（Riverbend）的伊拉克女博主用博客记录了战争时期伊拉克的社会变迁，以及伊拉克人民面临的白色恐怖生活，其博客著作《巴格达在燃烧》（*Baghdad Burning*）获得了 2006 年的塞缪尔·约翰逊奖[①]。

2005 年，埃及发生大规模倒穆运动“受够了”，以“青年变革运动”组织为代表的抗议人群利用博客进行政治动员。[②] 无论是在咖啡馆、大学礼堂，还是正在抗议的街头上，博主们利用随身携带的笔记本电脑，记录警察与抗议者间的对抗情景，传递事件发展的最新动态。

从信息来源和传播渠道看，博客的出现使互联网媒体发展对阿拉伯公共空间的重构具有了实质性意义。这是因为在 Web1.0 时期，以门户网站为标志的互联网媒体尽管改变了信息传播的速度和广度，但从本质上看仍是传统媒体的延伸，是一种向公众有限开放的媒体形式，信息的来源和发布仍掌握在少数人手中。博客则不同，作为一种源代码开放的新型媒体传播形式，是真正推动媒体从少数人经营的主播式聚合平台向大多数人参与的众筹式分享平台转型的关键一环。随着博客时代的到来，互联网媒体作为一种新型大众媒体不再被少数精英阶层独享，而是成为阿拉伯民众表达个人意见的新平台、新载体。

从 2005 年黎巴嫩前总理拉菲克·哈里里（Rafik Hariri）遇刺事件起，经 2006 年科威特博主们发起网络虚拟大选活动、利比亚发生反腐败运动、第二次黎以战争、巴林政治示威游行，到 2007 年摩洛哥索贿案，博客作为地区政治民主运动的重要组织和传播手段，呈现出爆发

① 最负盛名的非小说类写作奖之一，该奖项以英国作家兼词典编纂者塞缪尔·约翰逊的名字命名，创立于 1999 年。该奖项每年评奖一次，比赛面向任何国籍的作者开放，获奖作品将以英文的形式在英国出版。2015 年更名为“贝利·吉福德奖”。

② 埃及民间政治运动，旨在抗议埃及前总统穆巴拉克的第五次连任，以及为其儿子贾迈勒·穆巴拉克成为总统铺平道路的一系列政治行为。

式增长态势。仅 2006—2007 年，阿拉伯国家博客数量就从 4 万一下子上升到了 49 万，增长了 10 倍多。截至 2010 年“阿拉伯之春”前夕，地区博客数量已达到 3200 万。[①] 其中，博客数量增长最快的三个国家——埃及、突尼斯和叙利亚，也是 2011 年地区“阿拉伯之春”中革命最为激烈的三个国家。

（三）以社交媒体为标志的 Web3.0 时代

从 2011 年开始，阿拉伯国家的互联网进入了高速增长期。这一时期，互联网发展洪流席卷全球，互联网对一国经济发展的重要性成为普遍共识。在此背景下，阿拉伯各国政府纷纷从国家顶层设计角度出台本国的互联网宽带发展计划。（见表 2）

表 2　2011 年前后阿拉伯各国宽带发展计划一览表 [②]

国家	制定时间	规划名称
约旦	2007 年	约旦国家信息技术战略 （National ICT Strategy of Jordan）
沙特	2007 年	国家通信信息技术计划和数字政府行动计划（2012—2016） National Communications and Information Technology Plan and E-Government Action Plan 2012-2016

① 这些博主的博客网站主要建立在 www.blogger.com（google 旗下的博客网站）、www.wordpress.com、www.maktoobblog.com 这些网站上。maktoobblog 网站是阿拉伯国家最知名的博客网站，类似于中国的新浪微博，到 2009 年其网站上的博客数量已经达到了 9.1 万。数据来源为埃及内阁决策支持中心：https://www.azzaman.com/?p=20443。

② “The State of Broadband 2015: Broadband as a Foundation for Sustainable Development,” ITU, 2015, p.80.

续表

国家	制定时间	规划名称
阿联酋	2008 年	电信监管局信息技术发展基金计划（ICT Fund for ICT Sector Development）
阿尔及利亚	2008 年	2013 数字阿尔及利亚计划（E-Algerie 2013）
巴林	2010 年	巴林国家网络计划（National Broadband Network for the Kingdom of Bahrain）
黎巴嫩	2011 年	国家信息技术战略行动规划 2011—2012（National ICT Strategy Action Plan 2011-2012）
埃及	2012 年	数字埃及国家宽带计划（eMisr National Broadband Plan）
摩洛哥	2012 年	摩洛哥高速和超高速网络发展国家计划（National Plan for the Development of High and Very High Speed in Morocco）
卡塔尔	2013 年	卡塔尔国家宽带计划（Qatar National Broadband Plan）
阿曼	2014 年	国家宽带战略 2014—2018 The National Broadband Strategy 2014-2018
突尼斯	2015 年	数字突尼斯 2018 Digital Tunisia 2018

数据来源：作者根据搜集的资料自行整理。

统计数据显示：2011—2016 年，阿拉伯国家的宽带渗透率不断提升，特别是移动宽带的普及速度，远远超过了固定宽带。到 2012 年，海合会各国移动宽带的普及率基本上都超过了 40%，标志着海合会各国的互联网进入稳定增长期。除海合会各国外，黎巴嫩、约旦、突尼斯、埃及、摩洛哥和阿尔及利亚六国的移动宽带普及率也分别于2015—2016年前后达到了40%，进入稳定发展期。（见表3、表4）

表3 2011—2016年部分阿拉伯国家和中国固定宽带渗透率

国家	固定宽带渗透率（%）					
	2011年	2012年	2013年	2014年	2015年	2016年
巴林	13.8	12.7	13.2	21.4	18.6	16.8
阿联酋	11	11.7	11.1	11.5	12.8	13.3
卡塔尔	8.7	8.2	9.9	9.9	10.1	10.8
沙特	5.7	6.8	7.3	10.4	12	10.8
科威特	不详	1.6	1.4	1.4	1.4	2.8
黎巴嫩	5.2	11.7	10	22.8	22.8	25.6
阿曼	1.8	2.5	2.6	4.5	5.6	6.2
约旦	3.2	3	2.8	4.7	4.2	5.8
突尼斯	5.1	4.8	4.8	4.4	4.3	5.6
阿尔及利亚	2.8	3	3.3	4	5.6	6.9
埃及	2.2	2.7	3.3	3.7	4.5	5.2
摩洛哥	1.8	2.1	2.5	3	3.4	3.7
利比亚	1.1	1	1	1	1	2.6
叙利亚	0.6	1.8	1.6	1.7	3.1	4
也门	0.4	0.7	1.1	1.4	1.6	1.6
中国	11.6	13	13.6	14.1	18.6	22.9

数据来源：根据联合国教科文组织2011—2016年的《全球宽带发展年度报告》（“The State of Broadband”）数据整理所得。

表 4 2011—2016 年部分阿拉伯国家和中国移动宽带渗透率[①]

国家	移动宽带渗透率（%）					
	2011 年	2012 年	2013 年	2014 年	2015 年	2016 年
巴林	9.5	67.1	109.7	126.2	131.8	162.1
阿联酋	21.7	50.9	89	114	92	156.7
卡塔尔	61	72.1	76.8	106.3	80	129.2
沙特	40.4	42.8	49.5	99	111.7	78.5
科威特	不详	不详	不详	139.8	139.3	66.8
黎巴嫩	不详	0.3	41.8	53.5	53.4	67.2
阿曼	37.8	56.7	67.3	73.7	78.3	91.3
约旦	4.9	10.7	16.1	19.1	35.6	118.8
突尼斯	2.4	5.2	26.1	47.6	62.6	63
阿尔及利亚	2.8	不详	不详	20.8	40.1	46.8
埃及	21	26.9	31.1	43.5	50.7	52.6
摩洛哥	8	10	15	26.8	39.3	46
利比亚	不详	13.8	不详	80.6	不详	34.9
叙利亚	1	1.8	3	5.7	10.4	10.4
也门	0.1	0.2	不详	4.8	5.9	6
中国	9.5	17.2	21.4	41.8	56	66.8

数据来源：根据联合国教科文组织 2011—2016 年的《全球宽带发展年度报告》（“The State of Broadband”）数据整理所得。

2008 年，以脸书（Facebook）为代表的社交媒体进入阿拉伯世界，并逐渐取代博客，成为 Web3.0 时代互联网媒体的标志，以博客为代表的自媒体时代开始向社会化媒体和媒体社会化时代过渡。2010—2012 年“阿拉伯之春”期间，以脸书和推特（Twitter）为代表的社交媒体在阿拉伯世界快速普及。

① 移动宽带渗透率包括无线网络和手机移动网络。

2011 年第一季度，脸书在阿拉伯世界的用户数量增长超过了30%，是 2010 年同期增幅（18%）的近两倍，远远高于脸书在北美以及欧洲地区用户的增长速度。当年，脸书全球新用户增长排名前 20 的国家中，有 7 个为阿拉伯国家，分别是阿联酋、卡塔尔、巴林、科威特、巴勒斯坦、约旦和突尼斯。这一时期，在脸书上搜索最多的关键词分别是“埃及”“1·25”“利比亚”“巴林”和“示威游行”。①

2011 年 1 月，优兔（YouTube）上以“布瓦吉吉”② 为名的视频数量达到了 3 万多。2011 年“阿拉伯之春”期间，地区媒体视频观看数量达到 2.85 亿个，每分钟就有超过 2 个小时的视频上传至社交媒体，视频观看量排名全球第二。2011 年，推特网站排名前 10 的热门话题中，有 2 个来自阿拉伯地区，分别为埃及总统穆巴拉克下台和利比亚总统卡扎菲被杀。

迪拜政府学院 2011 年发起的一项针对埃及和突尼斯脸书用户的问卷调研显示：在“阿拉伯之春”期间，参与调研的 94.3% 的埃及人和参与调研的 88.1% 的突尼斯人都将社交媒体作为他们获取新闻来源的主要渠道，而非传统媒体。（见图 6）

① “Arab Social Media Report 2011,” Dubai School of Government, January 2011, p.5.

② 突尼斯商贩布瓦吉吉因抗议警察执法自焚事件，该事件成为地区“阿拉伯之春”政治运动的导火索。

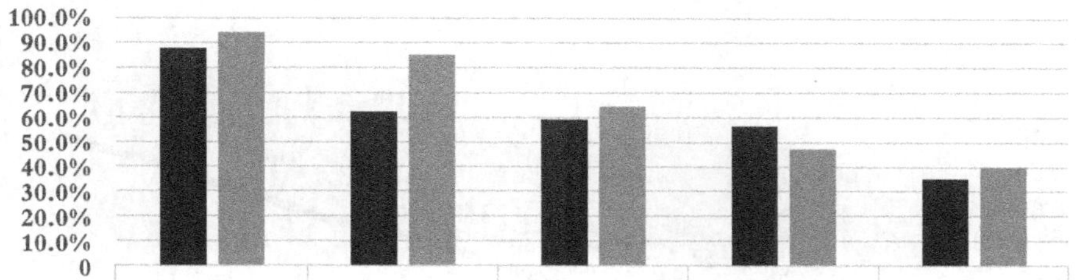

	社交媒体 (Facebook, Twitter,Blogs)	当地独立媒体或私人媒体	其他	地区性媒体或全球性媒体(卫星电视、媒体网站)	本国官方媒体(官方电台、报纸、广播)
■突尼斯	88.1%	62.7%	59.1%	56.9%	35.7%
■埃及	94.3%	85.7%	64.3%	47.6%	40.0%

■突尼斯 ■埃及

图6 2011年迪拜政府学院①发起的关于埃及和突尼斯新媒体使用情况的调研②
调研问题：你是通过什么渠道关注新闻的？

“阿拉伯之春”革命后，社交媒体在阿拉伯国家的发展并没有随着革命结束而减缓，而是继续保持了高速增长。（见图7）脸书等社交媒体在埃及、沙特、阿尔及利亚等国的增速甚至超过了“阿拉伯之春”期间。

---

① 全名为 Muhammad Bin Rashid School of Government（穆罕默德·本·拉希德政府学院），简称 Dubai School of Government（迪拜政府学院）。

② “Arab Social Media Report 2011,” Dubai School of Government, January 2011, p.5.

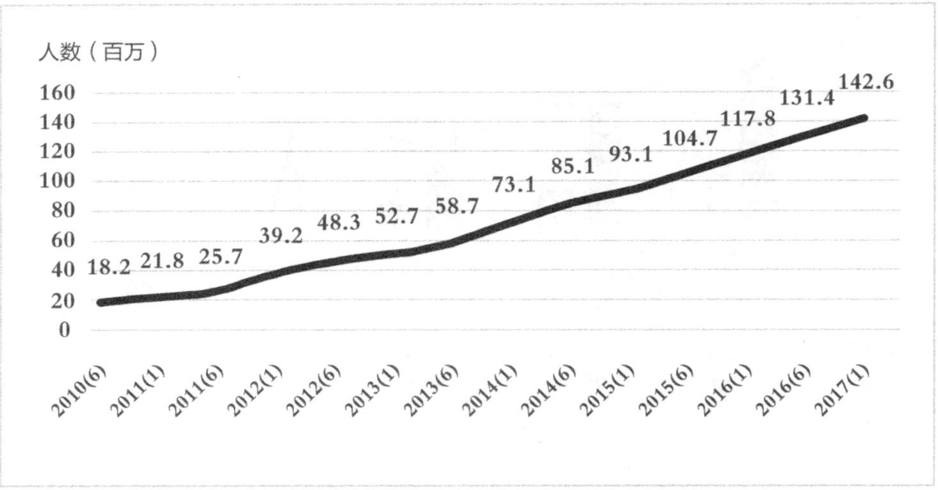

图 7　脸书用户数量在阿拉伯国家的增长情况（2010.6—2017.1）①

“阿拉伯之春”后阿拉伯国家社交媒体的发展显示出更加多元化、细分化的特征。2012 年，除脸书、推特用户仍在不断增长外，瓦次艾普（WhatsApp）、领英（LinkedIn）、照片墙（Instagram）等社交媒体平台陆续进入阿拉伯世界，在海湾阿拉伯国家发展得尤为迅速。这些社交媒体平台以其不同的功能和用户定位迅速抢占市场（如瓦次艾普专注于即时通信领域，照片墙专注于图片分享，而领英则专注于职业社交领域）。2015 年，瓦次艾普后来者居上，与脸书并列成为阿拉伯国家使用最多的两大社交平台。脸书在阿联酋、卡塔尔、伊拉克、突尼斯、巴勒斯坦、利比亚、约旦这些阿拉伯国家排名第一，而瓦次艾普则在科威特、摩洛哥、沙特、巴林、阿曼、也门、埃及、阿尔及

① “Arab Social Media Report 2011,” Dubai School of Government, January 2011, p.5.

利亚、叙利亚、苏丹、黎巴嫩等其余阿拉伯国家排名第一。（见图 8）

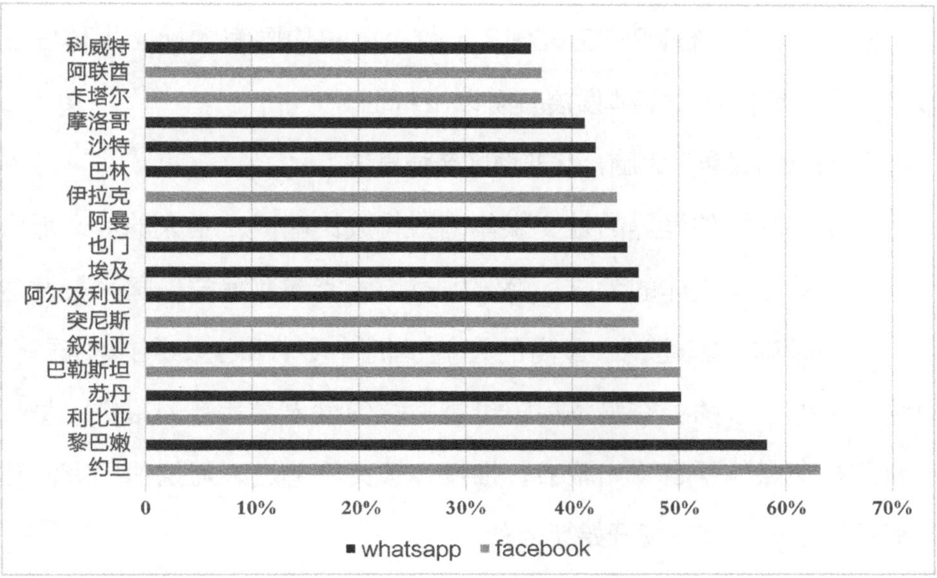

图 8 阿拉伯各国最受欢迎社交媒体平台（2015 年）①

2017 年，领英地区用户数量达到 1660 万，地区渗透率达到了 4.1%；推特在阿拉伯国家已拥有 1110 万活跃用户，地区渗透率达到了 2.7%；照片墙的地区用户数量达 710 万，地区渗透率达到了 1.8%。以互联网最发达的海湾国家为例，这些社交媒体间的竞争正在变得日益白热化。

①MBR School of Government, "The Arab Social Media Report 2019: Social Media and the Internet of Things, Towards Data Driven Policymaking in the Arab World," Dubai : MBR School of Government , 2019.

二、阿拉伯国家社交媒体的发展特征

通过研究和梳理 2015—2018 年数个阿拉伯国家的社交媒体发展报告，发现地区社交媒体发展具有以下特征。

1. 海湾地区最强大脑，北非地区最强身体

如果将阿拉伯世界的社交媒体网络构成比喻成一个人的话，那么海湾地区就如同人体的大脑。海湾阿拉伯国家拥有阿拉伯国家最发达的互联网基础设施建设、最高的智能手机普及率和社交媒体渗透率。海湾阿拉伯国家的社交媒体用户也是阿拉伯世界最活跃的用户。每一种新的社交媒体平台（如脸书、推特、领英等）进入阿拉伯国家，几乎都是从海湾国家市场开始切入的。

相比海湾阿拉伯国家，北非阿拉伯国家的社交媒体渗透率并不占优势，但由于人口基数众多，社交媒体用户数量占到了阿拉伯世界社交媒体用户总数的 54.6%。埃及作为阿拉伯国家的第一人口大国，脸书用户数量占到了整个阿拉伯世界用户总量的 23%。① 此外，还有北非的摩洛哥、阿尔及利亚、突尼斯等国，都属于阿拉伯地区的人口大国。

2. 一个由年轻男性主导的虚拟世界

从地区层面来看，阿拉伯国家社交媒体男性用户数量是女性数量的两倍。2017 年统计数据显示，脸书男性用户和女性用户数量的比例为 2∶1，要远远高于世界其他地区 1∶1 的比例。这一性别比例从 2011 年到 2017 年间，几乎没有变化，在某些社交媒体平台，如以职

①MBR School of Government, “The Arab Social Media Report 2019: Social Media and the Internet of Things, Towards Data Driven Policymaking in the Arab World,” Dubai: MBR School of Government , 2019 .

场社交为主的领域平台，女性用户的比例更低。

从国家间差异来看，海湾阿拉伯国家的社交媒体用户男女比例差距更大，男性社交媒体用户几乎为女性用户的三倍。以 2017 年脸书统计数据为例，男性社交媒体用户占比最高的国家为阿曼（79.4%），其次为卡塔尔（79.1%）、沙特（77.6%）、阿联酋（74.5%）、巴林（73.2%）和科威特（71.4%）；男女比例最均衡的阿拉伯国家为巴勒斯坦、突尼斯、利比亚和约旦，男性用户占比分别为 55.4%、57.4%、58.4% 和 59.4%，① 接近 1∶1 的全球水平。

3. 拥有全球最年轻、最具活力的社交媒体用户

相比欧美等发达国家，阿拉伯国家是全球青年人口比例最高的地区之一。《阿拉伯媒体发展报告》统计数据显示，35 岁以下社交媒体用户数量占到了总用户数量的 71%。② 另一份报告显示，2010 年阿拉伯世界脸书用户 30 岁及以下青年人占比为 75%，到了 2012 年下降至 70%，到 2017 年这一比例下降到了 64.3%。③ 总体来说，阿拉伯国家社交媒体用户正在逐渐走向成熟。

从国家间差异来看，海湾阿拉伯国家的社交媒体用户最成熟。2010 年统计数据显示，海湾阿拉伯国家 15—29 岁脸书用户数量占比介于 55% 到 65%，而突尼斯、约旦、埃及、摩洛哥、也门、巴勒斯坦等国这一年龄段的用户数量占比几乎都在 80% 左右。④ 到了 2017 年，

---

①"Media Use in the Middle East 2017," Northwestern University in Qatar, Doha, 2017, p.40.

②"Arab Media Outlook 2011-2015," Dubai Press Club, Dubai, 2014, p.19.

③"Media Use in the Middle East 2017," Northwestern University in Qatar, Doha, 2017, p.34.

④"Arab Social Media Report 2011," Dubai School of Government, January 2011, p.7.

海湾阿拉伯国家15—29岁脸书用户数量比重下降至54.8%，而北非阿拉伯国家30岁以下用户的比重则下降到了67.6%。[①]海湾阿拉伯国家社交媒体用户之所以相对其他阿拉伯国家来说更为成熟，与其拥有大量的外来务工人员有关。这些外来务工人员人数占到了本国常住人口数量的70%—80%，且年龄大都在25—40岁。而在其他阿拉伯国家，大量30岁以下的社交媒体用户为年轻人。

4. 社交媒体语言环境复杂，阿拉伯语并不占优势

阿拉伯社交媒体平台使用的语言主要有阿拉伯语、英语和法语三种，由于各国的民族结构差异和历史国情原因，这三种语言在不同地区的使用情况存在较大差别。

从整个阿拉伯地区层面来看，使用最多的无疑是阿拉伯语，其使用人数仍在不断增加中。2017年统计数据显示，脸书用户中主要使用阿拉伯语人群的比例占到55%，比两年前的43%上升了12%。此外，地区72%以上的推文都是用阿拉伯语发送的。[②]

从国家间差异来看，在脸书上使用阿拉伯语用户比例最高的国家为埃及（94%），其次是巴勒斯坦（93.8%）、利比亚（93.3%）、伊拉克（92.9%）和约旦（90%）。[③]

北非阿拉伯国家，如摩洛哥、阿尔及利亚、突尼斯、毛里塔尼亚等国使用法语人群的比例超过了阿拉伯语。但对比2013年统计数据，北非国家使用阿拉伯语社交媒体用户比例上升还是很明显的。主要原

① "Media Use in the Middle East 2017," Northwestern University in Qatar, Doha, 2017, p.39.
② "Media Use in the Middle East 2017," Northwestern University in Qatar, Doha, 2017, p.32.
③ "Media Use in the Middle East 2017," Northwestern University in Qatar, Doha, 2017, p.32.

因可能是随着社交媒体的普及，越来越多的普通阶层人民开始使用社交媒体，而他们并不像精英阶层一样使用法语。尽管如此，这些国家社交媒体使用法语的用户比例还是超过了阿拉伯语。

海湾阿拉伯国家曾呈现另一番景象，这一地区社交媒体中英语的使用比例要大大高于阿拉伯语，并且在 2013—2017 年，使用阿拉伯语的用户比例仍在下降中。造成这一现象的主要原因可能是这些国家外来劳动力的比例大大超过了当地阿拉伯人口，因此英语成为海湾阿拉伯国家日常生活的交际用语，非政府工作部门的英语使用比例大大超过了阿拉伯语。其中阿曼脸书用户中使用阿拉伯语人群的比例下降最为严重，从 2013 年底的 49% 下降至 2017 年的 33%，其他海湾阿拉伯国家的比例分别为沙特（44.2%）、科威特（21%）、巴林（14.7%）、阿联酋（5.4%）和卡塔尔（5%）。①

此外，还有一个值得注意的现象是混合语言的使用。许多阿拉伯社交媒体用户喜欢同时使用两种语言，如阿语夹杂英语，或阿语夹杂法语，这一现象对地区阿拉伯语的使用和发展产生了消极的影响。

第四节 新媒体对阿拉伯国家公共空间构建的影响

从 2011 年的“阿拉伯之春”开始，新媒体发展与阿拉伯国家政治民主革命间的相关性研究便成了国内外学者的关注热点。一开始，研究主要围绕着新媒体（主要是社交媒体）在阿拉伯国家一系列社会政

---

① “Media Use in the Middle East 2017,” Northwestern University in Qatar, Doha, 2017, p.32.

治运动中的作用展开，随后逐渐扩展至新媒体与地区民主政治变革和地缘政治变迁的因果关系研究。例如，不少学者对社交媒体与2011年埃及“1·25”革命中的因果关系存在争议，致使新媒体乐观主义者和怀疑主义者之间的辩论难分高下。本节试图从公共领域的主体、意识和媒介变迁三个方面分析新媒体如何对阿拉伯国家的公共领域构建产生影响。

一、传统媒体视域下的阿拉伯国家公共空间

要理解新媒体对阿拉伯公共领域构建的重要影响，就必须先了解传统大众媒体视域下阿拉伯公共空间的构成，以及国家、媒体与民众在这一空间内的互动范式。

在阿拉伯国家，作为早期大众传播媒介之一的无线电广播事业始于20世纪二三十年代。这一时期，由于多数阿拉伯国家处于西方殖民统治之下，国家电台的创立和运营也主要掌握在西方殖民者手中，甚至广播都是使用非阿拉伯语进行的。例如，埃及第一家无线电台广播就是由英国马可尼通信公司于1934年建立的，直到1949年埃及独立后，才改用阿拉伯语进行广播。

二战后，阿拉伯各国陆续从西方殖民者手中收回了国家广播电台所有权，并开始利用它为本国统治者利益服务。纳赛尔时期，埃及广播电台的主要职责就是在阿拉伯世界范围内宣传纳赛尔的“泛阿拉伯

民族主义”（Pan-Arabism）[①]。当然，这种做法也引起了其他阿拉伯国家的反感，因为他们没有纳赛尔那般对泛阿拉伯民族主义目标的热情。直到1970年纳赛尔去世，这一议程才被叫停，其继任者安瓦尔·萨达特（Anwar el-Sadat）和胡斯尼·穆巴拉克（Hosni Mubarak）用新的媒体议程——埃及身份塑造和埃及国家利益——取而代之。

从20世纪70年代末到整个80年代，阿拉伯各国处于国有电台垄断的大众媒体时期，国内媒体基本为政府或政党所有，运营主要依靠财政拨款，不参与市场竞争，也无须考虑广大电视观众的需要。在这一体制下，电台宣传报道的内容也主要以各国或政党领导人的日常生活为主，凡涉及敏感话题，需通过国家信息部门的层层审查。

20世纪90年代中后期，随着卫星电视在全球范围内的兴起，阿拉伯各国陆续开始媒体私有化改革，媒体产业逐渐向私人资本开放。但正如本章第二节中分析的那样，阿拉伯各国媒体的私有化并非来自市场经济条件下私人资本进入媒体领域的自然结果，而是各国政府迫于外部竞争压力和内部配合政治“民主化”改革需要的计划性行为，是国家主导下的有限私有化，大部分阿拉伯国家首批私人电台的所有者不是来自统治家族、当权派亲信，就是有政府背景的商业精英。政府一方面通过直接或间接参股形式入股私人媒体行业，另一方面利用经济制裁、媒体立法、审查制度以及无限期延长国家紧急状态等方式

① “泛阿拉伯主义”，又称“阿拉伯民族主义”，颂扬阿拉伯民族、语言及文学，是一种支持各阿拉伯国家组成一个具有统一的意识形态的单一国家的观点。起源于20世纪初，在二战后五六十年代达到顶峰，许多阿拉伯领导人曾多次实践“泛阿拉伯主义”，尝试建立统一的阿拉伯国家，但终以失败告终，其中最著名的就是埃及前总统贾迈勒·纳赛尔。

对媒体内容进行严格控制。

在国家和政党媒体垄断的大众传媒时代，马哈姆德·拉夫·萨迪（Mahmoud Raouf Al-Sadi）对1967年第三次中东战争后约旦马夫拉克市一户普通家庭收听广播的情景的描绘，生动地揭示了阿拉伯国家、媒体与大众三者间的互动范式：

> 在1967年战争后的黑暗时期，听新闻成了一种家庭仪式。我的家人紧紧地挤在收音机周围，搜索着各类频道，寻找英国广播公司、蒙特卡洛电台和埃及阿拉伯人之声的新消息。听新闻的过程中不时有令人疑惑的哭声、讽刺的话语、愤怒和悲伤的叹息，最后常常以“巴乌哈”结束。[①]这时，我的母亲冲了进来，她用小心翼翼而又低沉的声音郑重地提醒房间里的每个人：“隔墙有耳！把收音机和你的声音放低！国王的人无处不在！”[②]

通过这一场景的描述，可以直观地看到被疏远、充满恐惧的阿拉伯民众和令人恐惧、无处不在的阿拉伯当权者间的清晰界限。由于不相信阿拉伯当权者会出卖民众利益，阿拉伯听众被迫长期陷入一种虚无缥缈的游牧状态，寻找与他们的某些期望相交且能够反映民众心声的大众媒体。这一点对于我们理解阿拉伯大众传媒的发展来说至关重要。

在传统媒体时代，关于阿拉伯世界是否存在公共空间和公众舆论

---

① 约旦方言，意为“他们已经把它卖了”。这里的“他们”指阿拉伯国家领导人，“它”指代巴勒斯坦。——译者注

②Mahmoud Raouf Al-Sadi, “Al-Jazeera Intifada on the Air,” University of Memphis, Memphis（USA）, 2011, p.48.

这一问题存在着两种不同意见：第一种观点认为由于缺少民主机构和政治开放性，阿拉伯国家并不存在所谓的公共空间。一方面政府的专制阻止了公众意见的表达，未经审查的意见表达在阿拉伯世界是不被允许的；另一方面，阿拉伯民众也并不具备参政的意识和能力，即使存在所谓的公众意见，也只是作为一种顺从的力量而存在，影响力十分有限。①②第二种观点则与前者截然相反，认为由于大众长期以来的挫败感和对不可改变的政治专制的厌恶感，公众意见一旦被激发便不可收拾，将迅速变成有巨大爆发力的群众运动，例如 20 世纪 80 年代的伊朗革命、巴勒斯坦大起义都印证了这一观点。③

随着 20 世纪 90 年代以来卫星电视和互联网技术的出现，以及媒体全球化进程的加速，阿拉伯国家公共空间的边界、构成群体和主要议题都在发生剧烈的变化。

二、新媒体对阿拉伯国家公共空间的重构

根据哈贝马斯的公共空间理论，公共空间构成包含三大要素，即主体、意识与媒介。公共空间的主体是作为公众舆论之中坚力量的公众；意识是指公众在理性精神领导下，自由、公开地表达观点和主张，

①L.Murawiec, "Are We Listening to the Arab Street?," Testimony before the Subcommittee on National Security, Veterans Affairs and International Relations of the House of Representatives Committee on Government Reform, October 8, 2002, Retrieved from: http://frwebgate.access.gpo.gov/cgi-in/getdoc.cgi?dbname=107house_hearings&docid=f:88885.pdf.

②Rinnawi.K, *The International and the Arab World as Virtual Public Sphere* (Burda research Center, Ben-Gurion University, 2003).

③Interview with Daniel Pipes, "Where's the Arab 'Street'," CNN: Lou Dobbs Moneyline, May 8,2003, Retrieved from: http://www.danielpipes.org/article/1093.

关心群体普遍利益的意愿与能力；媒介是指公共舆论需要利用大众传播媒介来组织和传播。[①] 从互联网在阿拉伯国家的出现，到发展成为大众媒介，网络媒体凭借其技术优势和开放性、参与性以及去中心化的传播特点，不断从上述三个方面对阿拉伯国家公共空间进行重构。

1. 新媒体视域下的阿拉伯国家公共空间的主体重构

公众之所以为公众，是因为它代表了多数人的观点。公众舆论只有涵盖了社会大多数成员的利益关切与诉求，才能对国家民主政治起到正向作用。在传统阿拉伯大众媒体视域下，主流媒体和社会精英阶层长期把持着社会舆论和公众议程设置，阿拉伯民众被迫成为沉默的多数；而在互联网媒体时代，只要一台电脑或一部手机，网络就可以成为普通民众表达意见的渠道和平台，这使阿拉伯公共空间的主体边界得到了极大拓展。在新媒体视域下，以往被迫沉默的群体逐渐通过各种渠道发声并受到关注。

（1）宗教团体和派别人士

宗教团体和派别人士是新媒体（尤其是社交媒体）上最活跃的群体，主要包括激进派、温和派以及极端温和派三类。激进派伊斯兰原教旨主义者通过网络来宣传其宗教思想和政治诉求，进行政治动员，发展新会员，最典型的例子就是 1995 年成立于埃及的穆斯林兄弟会网站（Ikhwanonline.com）[②]。此外，还有不少伊斯兰政治团体网站，如

① 哈贝马斯:《公共领域的结构转型》，卫东译，学林出版社，1999，第 167—295 页。

② 这一网站同样受到卡塔尔资助，但主要运营在埃及，网站用于指导穆斯林的日常宗教生活，为他们提供宗教文献、日常生活指示等，在线解答穆斯林的各类宗教问题，这一网站深受新一代“折中派”穆斯林的欢迎。

什叶派穆斯林政党“真主党”网站等。在传统媒体时代，由于当权政府和政党对媒体机构的垄断，这些群体很少能有专门的发声渠道和媒体平台来进行大规模思想宣传和政治动员，而低门栏、无国界的互联网媒体则为其提供了丰富的想象和活动空间。这些宗教类网站的目标受众瞄准的不仅仅是阿拉伯国家网民，而是全球范围内的阿拉伯移民社群。如温和派的宗教人士、埃及知名伊斯兰神学家优素福·卡尔达维（Youssef Qaradhaw）[①] 和他创立的伊斯兰在线网站（Islam-Online）在全球拥有众多粉丝，其知名的宗教节目《伊斯兰教法与生活》（al-Shari'a wa al-Hayah）通过卡塔尔半岛电台播送，在全世界拥有超过 400 万名观众。

（2）女性群体

女性群体是新媒体视域下阿拉伯公众群体的重要组成部分。在博客最为活跃的埃及和沙特，年龄在 18—24 岁之间的女博主比例占到了近半数。女性利用其独特的观察视角和表达方式（如博客文学），借助互联网传播，使自身权益和理想成为普遍关注的公众议题。

2003 年美国发动伊拉克战争，一位化名为“河湾”的伊拉克女博主在其博客上记录了从 2003 年到 2007 年战争期间伊拉克的社会和文化生活，以及伊拉克人民面临的政治干预与监视。其博客小说《巴格达在燃烧》获得 2006 年的塞缪尔·约翰逊奖，她由此成为阿拉伯地区

① 国际穆斯林学者联盟前任主席，毕业于爱资哈尔大学，曾是埃及穆兄会的成员之一。20 世纪 70 年代开始来到卡塔尔大学任教，受卡塔尔政府支持，长期居住在卡塔尔，是半岛电台的常客。其网站十分活跃，几乎每日都有更新，上面有其个人日常动态、宗教演说和“法特瓦”（教法判例），拥有大量穆斯林粉丝。

最早出现的博主代表之一。

2005 年，沙特女博主拉贾·阿尔珊妮娅（Rajaa Alsanea）的网络作品《利雅得女孩》（*Girls of Riyadh*）由一家黎巴嫩出版社正式出版。该书描写了沙特上层社会 4 个女孩子的生活，展现了她们各自对爱情、事业的展望，以及在极度保守的沙特社会中受到的各种限制。作品由女孩之间的电子邮件往来、手机短信构成，通过 4 个女孩在邮件中分享各自生活的最新情况来讲述整个故事。之前由于书的内容在沙特国内引起了巨大的争议，保守人士认为书中关于年轻人追逐快乐、发展与异性关系等内容"太过暴露"，该书被禁长达 3 年之久。随后该书一经出版便收获了巨大的成功，成为当时阿拉伯世界的畅销书籍，并被翻译成多种外语。同时，这一作品也引发了阿拉伯社会中的一股反叛文学潮，一些人开始用笔将自己真实的一面展现出来，而在这些新晋作家中，超过一半都是女性。

2007 年开始，向来以出版古典文学和主流文学为主的埃及知名出版社什鲁克（Dar El-Shorouk）先后出版了 3 位埃及年轻女博主的小说：《我想结婚》（*I Want to Get Married*）、《两个人的牛奶米饭》（*Rice with Milk*）和《我的舞蹈》（*This Is My Own Dance*）。《我想结婚》的作者加达·阿卜杜·艾尔（Ghada Abdel Aal）从 2006 年开始建博客，是一位年龄不满 30 岁的药剂师。她在博客首页是这样介绍自己的："我代表了埃及 25 岁至 35 岁之间的 1500 万女性，她们在每天的生活中感受来自社会的压力，催促她们结婚，尽管到现在仍是单身并不是她们的错。"作者在博客中用一贯自嘲式的语气记录着日常生活中琐碎、极度搞笑却又充满心酸的事。她所有的故事都是关于努力让自己找到一个适合的伴侣，然后把自己嫁出去的。这是因为婚姻对于阿拉伯妇女来说是人生中最伟大的一项事业，如果无法完成，就会受到惩罚，即使她们在生活的其他方面都做得非常出色。作品用让人啼笑皆非的故事讽刺了埃及保守的社会风气，还对男女婚前交往的禁忌，以及一系列所谓的男女交往礼仪进行了讽刺式的批判，该书也一度成为埃及最畅销的书籍之一。

此外，各类女性机构和组织也利用互联网媒体设置妇女问题议程、维护妇女基本权益，尤其是在家庭暴力、荣誉谋杀[①]等问题上引起了社会的广泛关注。典型的事件为2011年发生在埃及的“反性骚扰运动”，埃及公益组织“哈拉斯地图”通过脸书号召多个女性团体组织妇女在首都开罗举行大规模“反性骚扰”游行，迫使社会和政府正视这一问题。[②]

（3）海外阿拉伯移民社群

不少学者很早就注意到了新媒体对海外阿拉伯移民群体的影响，早在2006年，伊森·祖克曼（Ethan Zuckerman）和马克·林奇（Marc Lynch）等学者就提出了“桥梁博主”（Bridgeblogger）这一概念。“桥梁博主”指的是使用英语、法语等外文写作的阿拉伯博主，不少为阿拉伯移民的后代具有旅欧、旅美经历。布鲁斯·艾特林（Bruce Etling，2009）等人的一项针对阿拉伯国家博客的研究显示：对互联网的使用“使这些虚拟阿拉伯穆斯林社群不再是被边缘化的群体，互联网使他们

① 指女性被亲人以维护家族声誉、清理门户等理由杀害。

② 埃及博主瓦依勒·阿巴斯和马立克·穆斯塔法在微博上曝光了2006年斋月期间，发生在开罗市中心的对多名女性的集体性骚扰事件。视频中有多名警察在场，却无一人上前阻止，埃及内政部也极力否认事件的真实性。直到视频曝光，才迫使内政部采取相应措施，应对埃及社会屡见不鲜、日益严重的性骚扰事件。

产生了对本民族和伊斯兰教强烈的归属感”。[①] 相比阿拉伯国家的网民，这些海外移民社群网站及社交媒体涉及的公众议题更为自由和开放，他们成了阿拉伯世界与外界交流的重要一环。这也体现了互联网时代阿拉伯国家公共空间发展的一个重要趋势，即公共空间在地理边界上的限制正在逐渐消减。相反地，语言、宗教等意识形态上分歧的影响在进一步凸显。

努雷丁·米拉迪（Noureddine Miladi，2006）在《卫星电视新闻和英国的阿拉伯侨民：半岛电台、BBC 和 CNN 之比较》（“Satellite TV News and the Arab Diaspora in Britian：Comparing Al-Jazeera，the BBC and CNN”）一文中谈到了半岛电台对于塑造生活在英国的阿拉伯侨民多元文化观以及培养他们的文化归属感方面的作用：半岛电台和其他泛阿拉伯电台的受欢迎程度反映了泛阿拉伯公众舆论的力量，这种舆论正在超越针对单一国家人口的国营节目……泛阿拉伯卫星频道既是公众舆论的反映，也是公众舆论的动员工具。对于流亡和难民社群而言，这些电台为“群体的多重隶属关系”构建提供了可能性，并正在创造一种“流散的忠诚”。这是在原有单一民族国家体系下所无法实现的。[②]

除了上述三类人群外，少数族裔群体也是新媒体视域下阿拉伯公共空间的参与群体之一。这些少数族裔包括阿拉伯世界的非阿拉伯人，

---

①Bruce Etling，et al.，*Mapping the Arabic Blogosphere：Politics，Culture，and Dissent*（Massachusetts：Berkman Center Research Publication，2009），p.45.

②Noureddine Miladi，“Satellite TV News and the Arab Diaspora in Britain：Comparing Al-Jazeera，the BBC and CNN，”*Journal of Ethnic and Migration Studies* 32，no. 6（August 2006）：959.

如埃及的科普特人、摩洛哥的阿玛齐格人、叙利亚及伊拉克的库尔德人等少数派宗教和文化社群，他们都通过互联网这一媒介来实现文化的自我保护和传承，参与本国的社会政治生活。

2. 互联网媒体与地区民主政治运动对公众主体意识的培养

以理性批判精神为核心的公众意识是公共舆论发挥制约和监督作用、促进政治民主化的根本保障。从公众到公共舆论产生这一过程中的重要条件是公众具备较强的主体意识。只有当公众具备主体性和自主性时，公众舆论才得以产生。公众之所以区别于大众的主要特点就在于大众在民主政治发展中更多地承担着顺从者的角色，而公众则更多地体现为参与者的角色。

新媒体在阿拉伯国家快速发展的 10 年，正值地区政治新旧交替时期。社交媒体和卫星电视的发展与融合，推动大众媒体发展，逐渐消减国家权威，致使社会民主运动不断涌现；密集的地区政治民主运动又促进了新媒体对公共空间的重塑，对培养阿拉伯民众的公众意识起到了重要作用。

除直接引发“阿拉伯之春”革命外，新媒体在发挥民主监督、促进政治民主化方面发挥了积极作用，如 2006 年阿尔及利亚废止《燃料法案》事件，亦被称为阿拉伯国家的“德拉吉事件”。博主阿里拉·哈里亚[①]为政府新闻机构的一名工作人员，其日常工作是负责剪辑、报送政府工作简报。由于工作之便，他掌握了不少政府内部信息。2006 年，

① 美国独立媒体人，创办了“德拉吉报道”（DrudgeReport）网站，以报道政治圈的各种内部消息出名。曾率先报道了戴安娜王妃车祸、克林顿性丑闻等重要政治新闻，创造了一种新的新闻样式，是独立新媒体人挑战传统媒体巨头的典范。

阿里拉·哈里亚在其博客上发表一系列揭露官员失实言论和操纵国家政策行为的证据和报告。文章通过博客平台不断传播，并最终迫使总统布特弗利卡（Bouteflika）中止《燃料法案》，停止将国内最大的石油公司私有化。类似事件还有埃及虐囚事件①（2006）、摩洛哥索贿案②（2007）、沙特的“我要独自驾车”运动③（2011）等。这些事件的共同点都在于个人通过互联网媒体对事件进行曝光，继而引发公众关注，成为社会热点事件，最后迫使政府改变原有议程设置，废纸法令或出台新规，从而达到改进社会治理的目的。在这一过程中，诸如权力滥用、反腐败、性骚扰、男女平等议题被不断提出，成为公众领域长久不衰的关注点，这在传统媒体语境下几乎是不可能的。

对政治的高关注度，是阿拉伯国家网民区别于其他地区网民的显著特点。2009年统计数据显示，埃及博客中有将近20%的博客为政治类博客，④其中大多为世俗改革支持者，还有部分为穆兄会博主。他们在网上抨击穆巴拉克政府，揭露社会不公，通过互联网传播思想，

---

① 2006年1月，埃及2名警察虐待犯人、刑讯逼供的视频出现在一名埃及网民的博客上。录像中21岁的受害者卡比尔在审讯室被警察用拳头和棍棒殴打，并强迫他说脏话。随后，视频被上传到全球著名视频网站，继而引发埃及民众强烈的愤慨，迫使埃及政府正视国内普遍存在的虐囚现象。

② 2007年，一个名叫《诚实的承诺》的视频发布在社交网站上，视频拍摄了2名摩洛哥宪兵在一辆卡车上收受卡车司机贿赂的场景。该事件随后引发舆论关注，14名皇家宪兵司令部人员因此被移送司法机关处理。

③ 这一运动最早开始于1990年，数十名沙特妇女在利雅得开车遭到逮捕。随后，陆续有沙特妇女因独自驾车或声援女性独自驾车而遭到监禁。2011年，在女权运动代表人物瓦吉哈·胡维德的组织下，沙特国内掀起了一场声势浩大的“我要独自驾车”运动，有70多条女性独自驾车的视频被发布在社交媒体上。

④ 数据来源为埃及内阁政策支持部门信息中心，http://tadwenpress.blogspot.com/2009/03/blog-post_588.html。

呼吁政府释放被囚禁的穆兄会成员，为之后埃及“1·25”革命做足了充分的舆论准备。后“阿拉伯之春”时代的阿拉伯互联网媒体，依然保持着与民主政治运动的紧密联系。从地区总体层面来看，恐怖主义和反恐斗争、叙利亚战争和难民问题、地区争端和反伊斯兰事件是阿拉伯世界社交媒体关注最多的话题；从国家层面来看，尽管不同国家社交媒体用户的侧重点有所不同，但都表现出了通过社交媒体关注公共事务、社会民生，积极参与社会治理的意愿。

在卫星电视领域的情形是地区主要跨国媒体的政治辩论类节目，从半岛电台的《无论坛的论坛》《反方向》到 BBC 阿语频道的《辩论观点》，无一例外地将“展现多元观点”和“聆听观众声音”作为节目的核心策略。BBC 阿语频道的《辩论观点》主持人托尼·霍里（Tony al-Khoury）在 2008 年 3 月 11 日该频道成立时的开场白中讲道：

> 这是一种把观众视为其中一部分的媒体服务，让你有机会以互动的方式参与并表达你的观点……每周我们都通过节目和对话，利用最现代的制作和广播技术与数百万人互动。我们将从各个角度与您一起关注问题，并为您提供与我们互动的机会。观众不仅仅是聆听新闻，更将与我们一同制作新闻。①

3. 新媒体对公众舆论产生和传播模式的影响

在传统媒体视域下，大众媒介由政府、政党、媒体集团和商业精英等掌控，公众对自我意见的表达是间接的和一元的，这使得公众舆

①Andrew Hill, Atef Alshaer, “BBC Arabic TV: Participation and the Question of Public Diplomacy,” *Middle East Journal of Culture & Communication* 3, no. 2(2010): 156.

论的产生和传播是聚集式和单向传导式的。随着自媒体时代到来，公众无须借助传统大众媒体就可以随时随地实现意见的自我表达，并通过互联网与其他事件相关者进行信息分享和意见互动，这使公众舆论的产生和传播呈现出分众式和双向性传导的特点。这种传播模式的改变，使互联网成了公众舆论博弈的主要空间。

以 2018 年 10 月沙特记者卡舒吉在土耳其使馆失踪事件为例。10 月 2 日卡舒吉失踪后 24 小时内，推特网站上包含卡舒吉阿拉伯语名字的推文达到了 2 万条，包含卡舒吉英语名字的推文数量达到了 50 万条。处于断交期的卡塔尔和沙特（包括其盟友阿联酋、埃及等）在网络上展开了激烈的舆论战：半岛电台援引社交媒体上各界知名人士推文，谴责沙特政府罪行，并称“卡舒吉案引发国际舆论愤慨”;[①] 半岛电台还利用来自网络社交媒体的信息不断披露事件“内幕”，例如通过追踪迪拜前警察局长陶西·哈尔法尼·塔米姆（Dhahi Khalfan Tamim）的推特账号，推断是他教唆沙特人执行了这次暗杀。[②] 埃及网友在社交媒体上也分成了两个阵营，一方认为有人想要利用此次卡舒吉事件将沙特政权置于死地，埃及应和沙特站在一起反对土耳其和美国的勒索，而另一部分网友则强烈谴责沙特的非人道行径。以苏欧德·盖赫塔尼（Saud Al-Qahtani）[③] 为首的沙特水军们则在社交媒体上大肆散播关于卡舒吉

---

① 卡塔尔半岛电台:《卡舒吉案引发国际舆论愤慨》，2018 年 10 月 7 日，https://www.aljazeera.net/news/arabic/2018/10/7/قضية-خاشقجي-تشعل-غضب-الرأي-العام-الدولي。

② 卡塔尔半岛电台:《卡舒吉案灵感是否来自陶西·哈尔法尼·塔米姆》，2018 年 10 月 20 日，https://www.aljazeera.net/news/arabic/2018/10/20/خاشفجي-هل-الهم-ضاحي-خلفان-السعودية-رواية-مقتل。

③ 沙特阿拉伯的顾问，曾任皇家法院顾问，2018 年底因卡舒吉事件被解职前，曾担任沙特阿拉伯国王阿卜杜拉的法律顾问和王储穆罕默德·本·萨勒曼的媒体顾问。

是美国代理人的言论。随后，推特网站关闭了数百个沙特境内账号，理由是“这些账号为沙特操控的网络机器人，专门在全球范围内散播支持沙特政府立场的推文，引起了全球人民的反感”。①

一名埃及记者在描述新媒体时代媒体与网络意见领袖的关系时说道:“以前，他们会等着我们联系，然后向我们讲述事件的细节。但现在，他们随时都可以把想说的发在社交媒体上，用不了多久就会有大批粉丝进行转载。”② 互联网等数字技术蕴含的巨大媒体能力，使数字化改革成为地区乃至全球主要跨国媒体转型的自我渡劫的必然选择。

---

① 卡塔尔半岛电台:《推特关闭其网站上支持沙特卡舒吉一案的电子苍蝇账号》，2018 年 10 月 10 日，https://www.aljazeera.net/news/scienceandtechnology/2018/10/19/تويتر-توقف-حملة-مؤيدة-للسعودية-بشأن-مقتل-خاشقجي。

② 卡塔尔半岛电台:《沙特金主能否改变埃及媒体的舆论风向》，2018 年 10 月 20 日，https://www.aljazeera.net/news/reportsandinterviews/2018/10/21/هل-يوجه-الرر-السعودي-بوصلة-الإعلام-المصري-بقضية-خاشقجي。

第二章

阿拉伯国家主要跨国媒体的传播战略

跨国媒体是国际传播研究的主要对象。从跨国媒体与其赞助国公共外交的关系来看，它是一国开展国际传播能力建设、构建国家软实力的扛鼎之力。主流跨国媒体通过议程设置引导，深度参与公共外交，影响国际舆论，成为公共外交的核心载体。① 如二战以来的 BBC 之于英国、VOA 之于美国以及 20 世纪 90 年代以来的半岛电台（Al-Jazeera）之于卡塔尔。因此，跨国媒体的传播战略往往体现了其赞助国的外交战略意图（不论是直接的还是间接的），服务于其赞助国的国家利益。与此同时，由于国际传播的作用对象为传播对象国民众，其媒体战略的设定又必须考虑受众地区的宏观媒体环境和地缘政治形势。因此，只有当一个跨国媒体的媒体传播战略既能与其赞助国的外交战略同频共振，同时又能满足对象国民众的信息渴望和诉求时，才能发挥其应有的功能和效力。本章以阿拉伯国家的三个主要跨国媒体——卡塔尔半岛电台、英国 BBC 阿语频道、今日俄罗斯阿语频道为案例，分析其媒体传播战略，包括采用这一媒体战略的原因、背景、实施过程、传播效果等，旨在揭示这些跨国媒体如何通过与其赞助国的公共外交政策保持一致以实现其媒体使命。

① 程小林：《公共外交视野下我国主流媒体的国际传播力研究——以新华通讯社为例》，博士学位论文，武汉大学，2016，第 36 页。

第一节　研究意义与相关概念说明

一、公共外交与媒体传播

公共外交是指一国政府通过文化交流、信息项目等形式，了解、获悉情况并影响国外公众，以提高本国国家形象和国际影响力，进而促进本国国家利益的外交方式。在一战前，外交主要以秘密外交形式存在，由各国训练有素的外交人员通过谈判达成一定结果。一战后，伴随着公众观点的日益卷入，广播、电视等大众传播技术的兴起以及民主制度在全世界范围内的广泛建立，公共外交逐渐成为重要的外交形式。

从传播学角度来看，媒体作为人与人、国与国之间信息传播的媒介，具有天然的外交属性。约翰·布朗（John Brown，2007）[①] 将传播、代表和国际社会再造归纳为外交的三个维度，而传播是排在第一位的。美国外交官蒙迪格尔·斯特恩斯（Manteagle Sterns，1996）[②] 更是将传播视为外交的本质。在公共外交时代，大众传媒通过其国际传播行为成为国际舞台上公共外交的重要力量和渠道。为此，二战后，特别是冷战期间，VOA、BBC、自由欧洲电台（RFE）和莫斯科广播电台（Radio Moscow）成为各国政府表达本国文化，传播本国价值观和意识形态，

---

①John Brown，“Public Diplomacy as a Global Phenomenon: An Internet-based Overview of the English-language World Media,” *Place Branding & Public Diplomacy* 3, no. 2（2007）:337-347.

② 美国外交学会和对外关系委员会的成员，曾任美国驻科特迪瓦和希腊大使，出生于马萨诸塞州，曾就读于哥伦比亚大学。See Monteagle Stearns，*Talking to Strangers: Improving American Diplomacy at Home and Abroad*（New Jersey:Princeton University Press,1996）.

团结同盟国，争取对象国民众好感与支持的首要手段。

二、跨国媒体在公共外交中的角色

美国国务院在 2003 年发表的一份关于公共外交的报告中指出：推动新闻自由与媒体社会责任是美国总体外交战略的政策性环节，美国媒体应发挥其引导、中介和参与的功能，推动美式民主、自由等价值观的传播。[①] 可以说，国际传播已然成为一国公共外交的核心载体，一个国家的国际传播力对其国际影响力有重要影响。

在一个国家的国际传播力塑造中，跨国媒体发挥着至关重要的作用。由于跨国媒体掌握着最重要的信息源，具有独立的新闻议程设置能力以及广泛的国外传播网络建构能力，因而对于引导国际舆论起着决定性的作用。[②] 为此，进入 21 世纪特别是 2009 年以来，我国从国家层面不断推动我国主流媒体“加快基础建设、完善海外布局”，[③] 并进一步“调整优化结构、推动转型升级”，向建设具备国际竞争力的跨国媒体迈进。[④]

---

① 史安斌：《媒体在公共外交中的三重角色》，《公共外交季刊》2011 年第 4 期，第 57—62 页。

② 叶皓：《公共外交与国际传播》，《现代传播》（中国传媒大学学报）2012 第 6 期，第 11—19 页。

③ 2009 年 1 月，在全国宣传部长会议和全国对外宣传工作会议两个会议上，中央相关部门提出“着力建设语种多、受众广、信息量大、影响力强、覆盖全球的国际一流媒体”。随后，《中国日报》美国版设立，《环球时报》英文版设立，中央电视台开通阿语、俄语频道和视频网站。

④ 2013 年开始，中央和中宣部决定进一步加强和改进国际传播能力建设，主要为推进公司化运作、本土化战略和全媒体发展。

三、国内外关于阿拉伯国家主要跨国媒体传播战略的研究

西方大国媒体对阿拉伯国家的传播实践起步较早，早在20世纪初就开始了。两次世界大战期间，同盟国和轴心国利用广播在中东进行大规模战争动员；冷战时期，以VOA和TASS为代表的国际广播电台成为两大阵营在中东进行政治宣传的主要工具；20世纪90年代开始，随着冷战结束、媒体技术革新（卫星电视和互联网为代表的新媒体）以及全球化的加速，以CNN、BBC环球服务中心为代表的跨国媒体开始崛起，成为西方国家开展对阿公共外交的主体；“9·11”事件后，以卡塔尔半岛电台为代表的阿拉伯本土媒体快速崛起，不断挑战西方跨国媒体在地区的影响力和话语权。在这方面的研究，国外学者主要基于以下两个视角。

1. 公共外交视角

相关研究主要围绕政府、媒体、对象国公众三者间的关系展开探讨，即跨国媒体如何运用适当的传播策略，既能维持其在阿拉伯民众中的“公信力”，同时又实现赞助国公共外交目标。如菲利普·赛博（Pillip Seib，2005）[①]、优素福·卡拉扬（Yusuf Kalyango，2011）[②] 等分析了CNN对伊拉克战争、非洲事务报道的立场和偏好后认为，美国媒体的失实报道使其失去了在阿拉伯地区民众中的公信力，从而终结了

①Philip Seib, “Hegemonic No More: Western Media, the Rise of Al-Jazeera and the Influence of Diverse Voices,” *International Studies Review* 7, no. 4 (2005): 601-615.

②Yusuf Kalyango, “Critical Discourse Analysis of CNN International' s Coverage of Africa,” *Journal of Broadcasting & Electronic Media* 55, no. 2 (2011): 160-179.

它的中东媒体霸权;劳伊·巴赫里(Louay Bahry,2001)[①]、卡米丽亚·苏莱曼(Camelia Suleiman,2012)[②]、塔尔·塞缪尔(Tal Samuel Azran,2013)[③]等分析了半岛电台如何利用泛阿拉伯(Pan-Arab)媒体传播策略来打造其作为阿拉伯民众代言人的媒体形象，从而实现卡塔尔的“小国大外交”战略；法蒂玛·伊萨维(Fatima al-Issawi, 2010)[④]、安德纳森·马蒂尔德(Adnersson Matilda,2010)[⑤]、格拉罕·米顿(Graham Mytton,2011)[⑥]等研究指出 BBC 成功的关键在于适时调整传播策略，努力保持新闻独立性和实现英国公共外交目标间的平衡。

2. 国际传播视角

相比公共外交视角的宏观研究，国际传播领域学者的研究集中在中观和微观层面，侧重从国际传播实践出发，揭示跨国媒体对阿传播的具体技巧。如米歇尔·布鲁斯(Michael Bruce, 2014)[⑦]、苏玛雅·纳

---

① Louay Bahry, “The New Arab Media Phonemenon: Qatar’s Al-Jazeera,” *Middle East Policy* 8, no. 2 (2001):88-99.

② Camelia Suleiman,“Debating Arabic on Al-Jazeera: Endangerment and Identity in Divergent Discourses,” *Middle East Journal of Culture & Communication* 5,no. 2 (2012):190-210.

③ Tal Samuel Azran, Al-Jareera, “Qatar and New Tactics in State-Sponsored Media Diplomacy,” *American Behavioral Scientist* 57, no.9 (2013):1293-1311.

④ Fatima al-Issawi,G.Baumann,“The BBC Arabic Service: Changing Political Mediascapes,” *Middle East Journal of Culture & Communication* 3, no.2 (2010):137-151.

⑤ Adnersson Matilda, “Mapping Digital Diasporas@ BBC World Service: Users and Uses of the Persian and Arabic Websites,” *Middle East Journal of Culture & Communication* 3, no.2 (2010):256-278.

⑥ Graham Mytton, “Audience Research at the BBC External Services during the Cold War: A View from the Inside,” *Cold War History* 11, no.1 (2011):49-67.

⑦ Michael Bruce,“Framing Arab Spring Conflict:A Visual Analysis of Coverage on Five Transnational Arab News Channels,” *Journal of Middle East Media* 10, (2014):1-26.

赫德（Sumaya al Nahed，2015）[①]等对 BBC、CNN、Al-Jazeera 和 ARD（德国广播联盟）的新闻报道框架进行了对比研究；米歇尔·布鲁斯（Michael Bruce，2014）[②]、穆罕默德·萨堤（Mohamed Satti，2015）[③]、奥赛玛·阿尔比什里（Osama Albishri，2019）[④]等人对地区媒体的话语策略进行了对比研究；奥赛玛·阿尔比什里（Osama Albishri，2019）[⑤]以特朗普中东之行为案例，研究了沙特和美国政府如何利用互联网媒介进行议程设置，从而对地区媒体报道产生影响等。

相对于国外跨国媒体，我国媒体在中东的国际传播实践可谓刚刚起步。直到 2009 年，中央电台阿拉伯语频道成立，我国主流媒体才开始进入该地区。为此，相关的研究也亟待丰富。目前国内对阿传播力的研究主要以政策类研究为主。如霍娜（2011）[⑥]强调了特色报道、英

---

①Sumaya al Nahed, “Covering Libya: A Framing Analysis of Al-Jazeera and BBC Coverage of the 2011 Libyan Uprising and NATO Intervention,” *Middle East Critique* 24, Issue 3（2015）: 251-267.

②Michael D. Bruce, “Lindsey Conlin, Framing Arab Spring Conflict: A Visual Analysis of Coverage on Five Transnational Arab News Channels,” *Journal of Middle East Media* 2, no.3（2014）: 151-168.

③Mohamed Satti, “Framing the Islamic State on Al-Jazeera English and the BBC Websites,” *Journal of Arab & Muslim Media Research* 8, no.1（2015）: 37-53.

④Osama Albishri, Sofiya Tarasevich, Pamala Proverbs, Spiro K. Kiousis, Abdullah Alahmari, “Mediated Public Diplomacy in the Digital Age: Exploring the Saudi and the U.S. Governments' Agenda-building during Trump's Visit to the Middle East,” *Public Relations Review* 45, no.4（2019）: 56-77.

⑤Osama Albishri, Sofiya Tarasevich, Pamala Proverbs, Spiro K. Kiousis, Abdullah Alahmari, “Mediated Public Diplomacy in the Digital Age: Exploring the Saudi and the U.S. Governments' Agenda-building during Trump's Visit to the Middle East,” *Public Relations Review* 45, no.4（2019）: 56-77.

⑥ 霍娜：《在阿拉伯地区增强中国媒体的话语权》，《对外传播》2011 年第 12 期，第 36—37 页。

文报道在对阿传播中的重要性；李宇（2012）[①] 提出应从强化观点传播、改进节目编排、优化落地方式三个方面提升央视阿语频道在当地的传播力；薛庆国（2015）[②] 认为应充分发挥学者在对阿传播中的积极作用；刘欣路（2017）[③] 等强调要从战略高度认识我国加强对阿拉伯国家传播的重要性，并从用户洞察、内容为王和技术创新三个方面提升传播效果。总的来看，我国学者在这一领域的研究仍集中在以传播学为主的微观视角，亟待向宏观层面和跨学科研究领域迈进。

四、关于阿拉伯国家主要跨国媒体案例选择的说明

关于“阿拉伯国家主要跨国媒体”的界定涉及两个部分，一是“跨国媒体”，二是“主要”。

关于“跨国媒体”的学术定义，目前尚无明确统一的定论。赫吉比（Higbee，2010）从信息生产方式和流动角度认为：跨国媒体是指通过全球方式生产和传播多元文化信息的媒体机构形式，其主要特点是跨地域传播，传播对象覆盖原籍国以外的受众。[④] 丽贝卡·柯恩（Rebecca Kern，2019）从全球化背景下媒介机构的发展与变迁角度出发认为：跨国传媒公司是指那些以一国为基地，收购或兼并其他国家传播媒介和信息产业的大型媒介集团。它们在世界各地通过收购、兼

① 李宇：《提升对阿拉伯国家传播能力：中央电视台阿语频道面临的挑战与机遇》，《对外传播》2012年第8期，第22—24页。

② 薛庆国：《阿拉伯世界讲述“一带一路”需精细化传播》，《光明日报》2015年7月21日，第7版。

③ 刘欣路、马晓颖：《阿拉伯卫星电视媒体发展特征与启示》，《对外传播》2017年第12期，第76—78页。

④ Higbee, Will, Song, Hwee Lim, “Concepts of Transnational Cinema: Towards a Critical Transnationalism in Film Studies,” *Transnational Cinemas* 1, no.1 (Jan 2014): 7-21.

并其他国家的传播媒介和信息产业，进入全球媒介市场，并且通过卫星、因特网等手段将信息直接传递给其他国家。① 胡正荣（2011）的《世界主要媒体的国际传播战略》一书对世界主要跨国媒体界定时提到了三个判断标准：一是从时间节点上看，主要以20世纪以来诞生的国际传播媒体，特别是广播和电视媒体为主；二是从传播行为性质来看，主要指那些代表一个国家或民族的媒体，其传播内容和战略意图侧重于传递本土价值和本民族文化；三是从媒体结构和规模来看，主要指20世纪以来有着广泛国际影响和国际传播力的广播和电视媒体。

关于“主要”这一词的界定，本书主要参考各国学者们关于“主流媒体”的学术界定方式。1997年麻省理工学院的尼奥曼·乔姆斯基（Noam Chomsky）的文章《主流媒体何以成为主流》（“What Makes Mainstream Media Mainstream”）② 首次提出了“主流媒体”这一概念，并开始引发学界对这一概念的思考。乔姆斯基认为，主流媒体之所以被称为“主流”，是因为其掌握着最主要的信息源且具有独立设置新闻议程的能力，从而引发其他媒体的跟进。复旦大学的周胜林教授认为，主流媒体是相对于非主流而言的，主要是指其在影响力和作用力方面具有主导意义。③ 中国人民大学喻国明教授认为，主流媒体之所以成为主流媒体的秘诀在于服务社会主流群体，成为他们所倚重的基本资讯来源、思想来源和观念来源。④ 清华大学新闻传播学院教授刘建明指出，

① Suman Mishra, Rebecca Kern-Stone eds., *Transnational Media: Concepts and Cases* (New Zealand: Wiley-Blackwell, April 2019), p.35.

② 参见网页：https://chomsky.info/199710__/。

③ 周胜林：《论主流媒体》，《新闻界》2001年第6期，第11—12页。

④ 喻国明：《媒体市场的三大趋势》，《新闻与写作杂志》2001年第5期，第1—2页。

主流媒体的本质、核心和标志只有一个，就是因为它的思想影响力受到社会主导阶层的关注，使其成为社会主流人群每天必阅的媒体。[①]从中外学者关于主流媒体的不同阐释可以看出，国外学者对主流媒体的界定主要强调其议程设置能力，而我国学者则更为强调主流媒体的信息源与权威性。尽管两者有所侧重，但在对核心信息的掌握能力、新闻议程的引导能力及社会主流人群的影响能力这三个要素的看法上存在共识。

根据以上学者们的论述，结合本书研究立意（立足和服务于我国媒体对阿传播能力建设），本书将“阿拉伯国家主要跨国媒体”界定为以阿拉伯地区受众为主要传播对象，采用全球化信息生产和传播方式，具备较强的地区传播力和社会影响力，体现赞助国明显战略意图的广播和电视媒体。根据《阿拉伯卫星电视年度报告 2019—2020》[②]，阿拉伯民众最受欢迎的新闻频道为卡塔尔半岛电台、沙特阿拉比亚电台等本土国际频道以及英国 BBC 阿语频道（BBC Arabic）、今日俄罗斯阿语频道（RT Arabic）、法国 24 阿语频道（France 24）、德国之声阿语频道（DW Arabic）等外来媒体频道。考虑到案例的代表性，本章选取卡塔尔半岛电台、英国 BBC 阿语频道和今日俄罗斯阿语频道三者为研究案例，对其传播战略进行研究。其中，卡塔尔半岛电台代表了阿拉伯世界本土卫星频道国际化成功的典范；英国 BBC 阿语频道是阿拉伯世界历史最悠久的外来频道，也是西方媒体巨头在阿拉伯国家进

① 刘建明：《解读主流媒体》，《新闻与写作杂志》2004 年第 4 期，第 3—5 页。

② 阿拉伯国家广播联盟：《阿拉伯卫星广播年度报告 2019—2020》，参见网址：https://fliphtml5.com/zgwnk/lelf/basic。

行媒体本土化运营的成功典范之一；今日俄罗斯频道是阿拉伯世界卫星频道的后起之秀，从 2007 年成立以来迅速跃升至阿拉伯大众熟知的、具有广泛影响力的阿拉伯世界主要跨国媒体，其极具俄罗斯风格的视角和立场对于平衡西方媒体舆论对阿拉伯国家的影响起到了显著作用。通过对这三个案例的研究，希望可以对我国媒体如何加强在阿拉伯国家的传播效果和影响力提供一定的借鉴意义和启示。

第二节　阿拉伯大众传媒的发展与政治语境演变

20 世纪 90 年代，随着新媒体在阿拉伯国家的快速兴起和发展，这一领域的相关调查和学术研究呈几何式增长。照例，美国政策制定者和学者们是最早开展这方面研究的人，研究的主要目的在于回答新兴大众媒体对阿拉伯国家的政治稳定将会产生何种影响，以及如何应对这种变化。研究成果主要包括乔恩·B. 奥特曼（Jon B. Alterman）的《新媒体，新政治？从卫星电视到阿拉伯世界的互联网》（*New Media, New Politics? From Satellite Television to the Internet in the Arab World*）、戴尔·F. 艾克尔曼（Dale F. Eickelman）和乔恩·W. 安德森（Jon W. Anderson）的《穆斯林世界的新媒体：新兴的公共领域》（*New Media in the Muslim World: The Emerging Public Sphere*）以及美国冲突分析和预防中心（Center for Conflict Analysis and Prevention）的高级顾问丹尼尔·布伦伯格（Daniel Brumberg）的部分著作。这类研究由于受政策驱动，从西方经验和视角审视的居多，缺少对阿拉伯大众媒体变革内部因素和阿拉伯内在文化因素的深入挖掘，研究结果与其说反映了阿拉伯世界的真实情况，不如说是展示了研究者自身的文化和价值取向。

另一些学者，如娜奥米·萨卡尔（Naomi Sakr）、穆罕默德·埃尔·纳瓦伊（Muhammad El Nawawy）、阿德尔·伊斯干达（Adel Iskandar）、穆罕默德·扎亚尼（Muhammad Zayani）、马克·林奇（Marc Lynch）和苏莱曼·艾尔－萨玛莉（Suleiman Al-Shammary）等所做的出色工作，对于研究阿拉伯国家的媒体传播贡献颇多。娜奥米·萨卡尔在其富有洞察力的著作《卫星领域：跨国电视、全球化和中东》（*Satellite Realms: Transnational Television, Globalization and the Middle East*, 2001）中，从政治经济学的角度考察了半岛电视台，并清楚表明：尽管半岛电台以新媒体形式出现，但仍和阿拉伯国家传统媒体一样，保持了与赞助国政府间的联姻关系并服务于其整体政治目标。

通过阅读这些学者的文章可以感受到，要理解新媒体这一新兴媒介对阿拉伯国家媒体生态环境、文化构建与地缘政治的影响，就必须将其置于阿拉伯大众媒体发展的纵轴（历史延续）和横轴（整个地区媒体政治语境）中去。例如半岛电台为什么抛弃了 20 世纪五六十年代流行于阿拉伯世界的民族主义策略，转而选择“泛阿拉伯主义”策略？它所采取的新“泛阿拉伯主义”与纳赛尔时期的“泛阿拉伯主义”有何不同？要回答这些问题，就必须首先厘清阿拉伯国家大众媒体的发展脉络与特点，及其与地区地缘政治间的互动关系。

在传统媒体时代，即二战后至冷战结束前这段时期，阿拉伯世界的大众媒体是由国家建立、直接监督和严密控制的。大部分阿拉伯国家大众媒体最重要的使命和职能在于抵御国家政权面临的内部或外部威胁，确保其政治秩序和统治者的稳定性。为此，阿拉伯各国媒体都强调“民族国家性”。换言之，这一时期的阿拉伯大众媒体有助于使阿拉伯世界的不团结和政治分裂状态正常化和长期化。为了说明这一观点，下面将通过对埃及、沙特阿拉伯和约旦三个国家广播电视业的案例研究来揭示这些国家是如何利用大众媒体抵御内外威胁、维护政治秩序以及确立国家合法性的。

之所以将埃及、约旦和沙特阿拉伯三个国家的广播电视发展史作为研究案例，是基于这样一种认识，在阿拉伯国家，有两个因素对地区的大众媒体发展产生重要影响：一是政府形式；二是这些国家对阿拉伯地区地缘政治的影响力。就第一个因素来看，这三个国家在很大程度上代表了阿拉伯世界三种主要的政府形式：埃及代表了从纳赛尔统治下的泛阿拉伯社会主义国家转变为安瓦尔·萨达特和胡斯尼·穆巴拉克统治下的内向型市场经济国家；约旦和沙特阿拉伯则代表了另外两种政府形式——自由君主政体和保守君主政体。至于第二个因素，即一国对阿拉伯世界的政治影响力，如果按照核心、中部、边缘的标准来定义的话，埃及无疑是一个核心国家，现在可能滑向中部国家，约旦在后纳赛尔时代逐渐从边缘国家向中部国家过渡，而沙特凭借石油财富在后纳赛尔时代逐渐从中部国家向核心国家过渡。因此，对这三个国家媒体制度演变的研究，可以帮助我们合理地概括整个阿拉伯世界大众媒体机构与国家政权间的互动模式和轨迹。

一、埃及大众媒体的发展及其政治语境演变

在埃及，20 世纪 20 年代开始出现无线电广播的零星播送。这

种不成体系的广播被描述为“既无国家目的，也不针对公众关切的播送”。[①]1934 年 5 月 31 日，马可尼公司（Marconi）[②] 创办和运营了埃及第一个国家无线电广播电台。尽管其名义上是独立的，但这时的埃及实际上属于英国的保护国，因此该电台也被公认为英国的广播电台，服务不断老龄化的英帝国利益，直到 1949 年阿拉伯语才成为埃及广播电台的官方语言。

鉴于从 20 世纪初到二战结束这段时间，阿拉伯国家广播始终处于西方殖民国家控制之下。据此，我们可以描绘出埃及广播在两个不同时代的演变特征：首先是纳赛尔时代，这一时期从纳赛尔执政开始一直持续到 20 世纪 70 年代；第二个时期是后纳赛尔时期，包括萨达特时期和穆巴拉克时期。

1952 年 1 月 23 日的“自由军官运动”是埃及乃至阿拉伯世界现代历史的转折点。纳赛尔时期的埃及广播电台主要解决的是当时纳赛尔所面临的国内与国外两个不同的政治语境：在国内，正如哈萨纳因·海克尔（Hasanain Haykal，1982）在他的《关于倡议的论述》（*Hadith al-Mobadarah*）中所指出的那样，阿拉伯民族主义在埃及并不像在其他阿拉伯国家那样是一个事实。[③] 为此，纳赛尔时期广播的服务宗旨在

---

① A. D. Boyd, *Broadcasting in the Arab World: A Survey of Electronic Media in the Middle East*（Ames, Iowa: Iowa State University Press, 1996），p.16.

② 马可尼公司始创于 19 世纪 80 年代，曾是世界上发展最快的通信及 IT 公司之一，其创始人古列尔莫·马可尼曾完成了第一次横跨大西洋的无线电波传送、第一次 SOS 紧急信号的使用和第一次公共无线电广播。过去几十年里，马可尼在世界电信设备行业中占有重要席位，目前仍是英国最大的通信和 IT 设备提供商。

③ Mahmoud Raouf Al-Sadi, “Al-Jazeera Intifada on the Air,” University of Memphis, Memphis（USA）, 2011, p.51.

于重塑埃及的民族性以及阿拉伯民族主义。这一雄心勃勃的计划使纳赛尔的泛阿拉伯主义对其他阿拉伯国家构成潜在威胁，因为其他国家并没有纳赛尔那般对阿拉伯民族主义目标的热情。因此，纳赛尔需要一种大众传播媒介，不仅能向持怀疑态度的埃及听众，而且能向更广大的阿拉伯民众传达其观点，收音机是最好的手段。由于杰出的演讲天赋，纳赛尔征服了观众的心。“每当他发表演说的时候，街道上空空荡荡，每个人都走进自己的房子，用收音机听他说话，阿拉伯人也怀着极大的热情聆听了阿拉伯人首席播音员艾哈迈德·赛义德（Ahmed Said）[①] 的声音，煽动群众反对当地政府。”[②] 哈希姆家族（约旦和伊拉克的统治家族）和沙特皇室被认为是纳赛尔的头号目标，但随后埃及和阿拉伯世界在 1967 年第三次中东战争中的惨败，给埃及和其他阿拉伯国家的广播业造成了致命打击。随后，埃及广播业开始经历巨大变革。

1970 年纳赛尔的突然去世改变了埃及广播业的行进轨迹。在继任者安瓦尔·萨达特和胡斯尼·穆巴拉克时期，纳赛尔先前的媒体议程被抛弃，新的政治方向要求埃及广播服务发挥新的作用，即废除纳赛尔主义及其目标，因为它不再符合国家的新利益。为此，“泛阿拉伯主义”“社会主义”“巴勒斯坦问题”等议程逐渐失去重要性，取而代之的是一个新的话语体系，即埃及身份与其政治需要。然而，由于缺乏前任纳赛尔的人格魅力和演讲才能，萨达特和穆巴拉克的表现并不尽

① “阿拉伯之声”（Arab Voice）第一位导演和主要播音员。

② Michael N. Barnett, *Dialogues in Arab Politics: Negotiations in Regional Order*（New York: Columbia University Press, 1998），p.44.

如人意。

纳赛尔时期的埃及，除无线电广播外，电视产业也得到了初步发展。1956年，国际公司递交了建造埃及第一个电视设施的投标书，然而，由于英国、法国和以色列的联合遏制，电台建造计划被迫中止。1959年计划恢复，美国广播公司（RCA）获得了建设埃及第一个电台的服务合同。1960 年 7 月 21 日，埃及电视台诞生，受技术限制，当时电视的播送范围仅针对埃及本国观众，因此其影响有限，直到随后广播卫星电视的引入，情况才开始发生变化。

1990 年 12 月，当时处于经济困难期的埃及通过阿拉伯卫星通信组织（阿拉伯卫星）发射了一个 24 小时埃及卫星频道（ESC）。这一卫星频道推出的时机十分合适，几乎与海湾战争期间美国领导的联军发动对伊拉克的进攻处于同一时期。战争期间，包括埃及在内的阿拉伯联军不断收到来自伊拉克广播电台的呼吁，要求他们的士兵起来反抗本国政府，埃及卫星频道在抵消伊拉克广播电台煽动、维持埃及士兵和政府间行动的一致性方面发挥了积极作用。随后，几乎所有其他阿拉伯国家都意识到了这项卫星通信技术代替越境无线广播电台的重要性，很快卫星电台便如雨后春笋般在阿拉伯国家发展起来。

二、约旦大众媒体发展及其政治语境演变

纳赛尔嗜血的信徒们屠杀了皇室成员，纳赛尔总统是中东危机的唯一原因，是阿拉伯世界困难和骚乱的根源。除非他得到处置，否则这些危机将继续下去……我们希望纳赛尔知道：阿拉伯民族主义早在他出生之前就已经诞生了；他所谓的圣战，一旦他消失

了，将会取得实实在在的进展。[①]

上述约旦侯赛因国王的发言坚定地指出了当时阿拉伯民族主义及其主要倡导国埃及对约旦构成的潜在威胁。在这种政治背景下，约旦大众媒体试图解决的一个主要问题就是如何消减这类威胁。阿尔伯特·胡拉尼（Albert Horani，1993）描述了当时形势的严峻性：

> 1957年4月，约旦君主不得不采取极端措施，从约旦历史上第一个（也是最后一个）自由选举的、民粹主义的、泛美主义的政府——苏里曼·纳布希（Sulieman Al-Nabulsi）[②]政府手中夺回权力。1956年10月，苏伊士运河战争前，苏里曼·纳布希政府的阿拉伯民族主义狂热情绪达到了顶峰。[③]

尽管这一时期的约旦已拥有广播服务，但广播机构都是从殖民国英国那里继承来的，不足以帮助解决紧迫局势，[④]约旦需要建立起能为

---

① Barnett.M, *Dialogues in Arab Politics: Negotiations in Regional Order* (New York: Columbia University Press, 1998), p.134.

② 苏里曼·纳布希（1908—1976年），约旦左翼政治人物，曾于1956—1957年担任约旦首相。在此期间，他作为首相经常与国王侯赛因意见相左，纳布希希望约旦在纳赛尔的带领下向埃及靠拢，但侯赛因希望约旦留在西方阵营。

③ Albert Horani, Philip S. Khoury, Mary C. Wilson, *The Modern Middle East* (Berkely: University of California Press, 1993), p.541.

④ 约旦的广播服务和埃及一样，是殖民时期英国的遗产之一。约旦是一个新的政治产物，它于1921年第一次世界大战后诞生，当时被称为"外约旦酋长国"（Transjordan）。1946年，第二次世界大战后，外约旦酋长国独立，被称为"约旦哈希姆王国"，阿卜杜拉王子被任命为国王。英国政府在其对巴勒斯坦的授权下，于1936年3月30日成立了巴勒斯坦广播局（PBS），总部设在耶路撒冷。1948年，以色列占领了耶路撒冷部分土地，工作室被转移到拉马拉。1950年约旦吞并约旦河西岸后，巴勒斯坦广播局成为约旦的第一个广播机构，随后更名为约旦哈希姆王国广播局（HBS）。

自身目标服务的无线电广播网，以有助于约旦人身份认同的构建。为此，1959年约旦政府与锡拉丘兹大学合作，在安曼和耶路撒冷开设了两个广播基站，其广播信号覆盖面可达中东的大部分国家，甚至到达了拉丁美洲。

1964年，约旦政府决定成立电视台并开始筹建。1966年7月11日，侯赛因国王为电视大厦奠基，约旦电视公司（JTV）成为一个独立的政府机构。[①] 1967年第三次中东战争爆发，拖延了相关进程，电视台于1968年4月28日正式播送。和埃及一样，马可尼公司提供了大部分的工作室和设备。1970年约旦内战对JTV发展造成了一定阻碍，然而，政府克服了战争的影响，继续发展其电视业。1974年4月开始，约旦进入彩色电视时代。随后，约旦加入了国际通信卫星组织和阿拉伯卫星组织。然而，由于阿拉伯卫星组织推迟了“阿拉伯卫星”的发射（直到1985年，该卫星才得以发射），它的“阿拉伯卫星”成员资格几乎没有任何好处。

相比无线广播服务，约旦电视台更好地服务了政府的初衷，成功地将观众注意力从国家存在合法性、国家身份认同等极具争议性的话题上转移出去。这是因为与广播不同，由于缺乏周边国家电台的竞争，电视观众被迫将注意力停留在本国电台上，时间一长，观众便逐渐接受了电台的话语体系。还有一个重要的原因是新媒体技术相比传统广播在技术（音质、画质）上的领先，使其更能牢牢地抓住观众的注意力，并通过各种艺术形式和节目（戏剧、电影、歌曲等）传播隐性政治信

---

① I. M. Hijab, *Mass Media in Jordan: A Historical Analysis of the Evolution of Press, Radio and Television*（Minnesota :University of Minnesota, 1985）, pp.114-115.

息。约瑟夫·A. 马萨德（Joseph A. Massad，2001）描述了这些节目是如何通过强调所谓的纯约旦语、服饰规范、民歌、美食等文化元素，致力于打造约旦国家身份的。[①]通过这种方式，这个自称约旦人的国家，完成了自我形象和身份的塑造并引导大众认同了这一形象。由于深知电视这一大众媒体在打造政治话语、民族观和自我文化价值观中的作用，因此，1993 年约旦在面临着资金和资源严重匮乏的情况下，仍然完成了约旦卫星频道（JSC）的发射。

20 世纪 90 年代，约旦内部政治风险要素不断增加：首先，巴勒斯坦人口在约旦的大幅增加改变了其人口结构，消耗了国家的资源，这使得约旦对巴勒斯坦难民的态度发生了微妙变化，巴勒斯坦人开始遭到了系统的歧视和疏远。其次，除人口因素外，90 年代也是地区“伊斯兰浪潮”风起云涌之时。在侯赛因国王统治期间，伊斯兰运动曾在加强约旦政权合法性和政治稳定方面发挥了重要作用，而现在却对其儿子阿卜杜拉国王的统治构成了威胁。导致这一转变的主要原因是政府在阿以冲突中所持的立场发生了改变，约旦寄希望于与以色列达成和平来实现自身的稳定发展，但穆斯林兄弟会坚决反对和平进程，并得到来自哈马斯的力挺。最后，政府推行经济上的自由化政策导致作为社会安全阀的中产阶级迅速消失，自由化还意味着以牺牲社会长久的保守价值观为代价，引进西方文化价值观。在这样的背景下，20 世纪 90 年代的约旦出现了一种新的政治语境危机，劳伦斯·塔尔（Lawrence Tal，1993）是这样对其进行描述的：“尽管约旦的生存危

①Joseph A. Massad, *Colonial Effects: The Making of National Identity of Jordan* (Columbia University Press, New York, 2001).

机已经解除，但它的政治前途并不明朗，它究竟应该作为约旦王国存在，还是巴勒斯坦国存在？”[①]为此，这一时期约旦的卫星电视，包括其他政治手段都旨在解决“约旦应作为约旦哈希姆王国而存在”这一政治议题。

三、沙特阿拉伯大众媒体的发展及其政治语境演变

沙特大众媒体的发展大致经历了四个阶段，即20世纪50年代、50年代末到70年代初、70年代末到80年代末和90年代至今，在每个不同的发展阶段，大众媒体都致力于实现沙特特定的国家利益。

1932年9月起，在沙特王国宣布统一的最初阶段，国家的主要利益是将新建立的国家内高度分散的人口联系起来。很大程度上，国家的政治生存和统治家族的政权稳固依赖于与广大土地上的居民建立沟通渠道，无线电广播成为实现这一国家目的的重要工具。在此背景下，伊本·沙特国王授权他的儿子费萨尔于1949年创建了王国的第一个无线电广播站。随后，1953年沙特广播、新闻和出版总局成立（后改为信息部），负责运营和管理大众传媒。

20世纪50年代是沙特大众媒体发展的起步阶段。这一阶段，沙特阿拉伯的政治语境主要来源于该国两大集团——君主和瓦哈比神职人员之间的较量。对君主来说，广播是将这个零星、碎片化的国家联系起来的重要工具；对宗教人士来说，无线电及其他技术代表了西方的创新，是对伊斯兰信仰的纯洁性的威胁。鉴于神职人员在建立国家方

①Lawrence Tal, “Is Jordan doomed?” *Foreign Affairs*, Nov.1993, http://www.foreignaffairs.org/1993/5.html.

面的重要作用，伊本·沙特不能简单地忽视他们的观点。尽管如此，他还是凭借自身高超的说服力克服了这一障碍，他以实际演示的方式向一群神职人员展示如何将新技术用于传播真主的话语。鉴于这一背景，沙特无线电广播的内容极端保守，主要以宗教和文化节目为主，新闻广播只占到了很少一部分的比例。而随后的发展显示，沙特广播电台的“伊斯兰”定位不仅仅是一种安抚王国神职人员的手段，它也成为王室泛伊斯兰主义意识形态灌输的重要手段。

对于沙特政权来说，纳赛尔主义不仅是一种意识形态上的异端，更是对沙特后院也门的一种实际威胁。在也门，埃及军队站在也门共和党一边，与沙特（和约旦）支持的保皇党人作战。[①]“泛阿拉伯主义”甚至得到了沙特皇室内部人士的支持，塔拉尔王子和一群年轻的王子一起反对保守君主制，主张建立一个基于自由主义和社会主义原则的君主立宪制。[②]因此，传播伊斯兰话语，以此取代阿拉伯民族主义话语成为这一阶段沙特王室要解决的核心问题。为了实现这一目标，沙特政府大力发展无线电产业。据伯依德（Boyd，1996）的研究，沙特阿拉伯拥有当时中东地区最强大和最先进的无线电传输系统。[③]

同样，从20世纪50年代末到70年代初这段时间，为更好地服务沙特的国家利益，电视作为新的大众媒体被引入国内。考虑到这个国家的财富，与其他阿拉伯国家相比，沙特电视台起步较晚，这主要

①Malclom Kerr, *The Arab Cold War*（New York: Oxford University Press,1970）, pp.107-109.

②Joseph Kostiner,"State, Islam, and Opposition in Saudi Arabia: The Post Desert Storm Phase," *Terrorism and Political Violence* 8, no.2（1996）：75-89.

③ A. D. Boyd, *Broadcasting in the Arab World: A Survey of Electronic Media in the Middle East*（Ames, Iowa: Iowa State University Press, 1996）.

是受到了国内宗教保守势力的影响。直到 1965 年，利雅得和吉达两个电台才在美国政府的帮助下开始播送。1968 年和 1977 年，达曼和阿布哈（沙特西南部城市）又新建了两个电台。沙特阿拉伯地面电视的发展主要是在 1974 年后，那一年，沙特国内开始推出了彩色电视。1983 年，第二个讲英语的频道开始播出。沙特电视台的内容被严格审查，以确保其百分之百符合伊斯兰教教义，这也使其失去了对地区其他观众的吸引力。

20 世纪 70 年代末至 80 年代末这一阶段，沙特阿拉伯的政治语境发生了一系列变化。从外部来看，随着纳赛尔去世和萨达特的到来，"泛阿拉伯主义"不再对沙特王国构成威胁。在与以色列签署《戴维营协议》后，埃及的阿拉伯联盟成员资格被暂停，其政治影响力迅速衰减。同时，随着石油财富的激增和两伊战争的持续，沙特阿拉伯开始有机会竞争阿拉伯世界的领导权。从内部来看，作为一个高福利国家，沙特政权为其人民提供了良好的医疗保健、教育体系和生活水准，致使沙特中产阶级迅速壮大。新中产阶级对外部世界的接触和了解，使他们对沙特媒体的期望与上一代人截然不同。

基于国外与国内环境的共同变化，这一时期的沙特媒体必须解决这样一个棘手问题：一方面，对广播和电视内容任何形式的放宽限制，都会激怒宗教团体人士；另一方面，旧的媒体模式无法继续吸引新生沙特中产阶级。为此，沙特政府通过离岸媒体这一形式，即在境外（主要是伦敦）设立所谓独立的、私营的媒体，很好地解决了这一问题。这样一来，政府既不用对离岸媒体的内容审查承担责任，又可以继续通过财务控制来操纵这些媒体的政治内容。在此背景下，20 世纪 80

年代，拥有王室背景的沙特人在伦敦成立了沙特出版和报业公司，该公司旗下拥有诸如《生活报》《中东报》等日报，以及《杂志》《妇女》《男人》等周刊。[①]

从20世纪90年代开始，新媒体（卫星电视和互联网）在全球范围和阿拉伯国家蓬勃兴起和发展。这一时期，沙特的内外政治环境出现了新的现实问题，钱皮恩（Champion，1999）[②]对此描述道：

> 在外界看来，沙特阿拉伯似乎平静而稳定。西方对沙特政权表示出好感，因为沙特将政府以及王室塑造成一个合法的政权形象。但这本身有多大可信度？王国里的一切现象并不如形象塑造者让我们相信的那般稳定。近年来社会和经济的迅猛发展，显著地拉开了几代人之间的鸿沟，扩大了各阶层间的经济差距。经济表现不佳和青年失业率上升（尽管是隐性的）也给政府带来了严峻挑战。更令人担忧的是，保守君主专制所能带来的政治调整空间已远远满足不了社会和经济变化的需求。

在这种情况下，沙特阿拉伯的卫星电视，不论是政府直接控制或是间接控制的，其首要目标就是减少这一政治困境带来的现实效应，尽可能地维持沙特作为一个稳定国家的形象。为此，媒体需要做的就是如何将沙特王室描述为一个正在进行自我革新、不断释放政治自由空间的新政权形象。

---

①Ghareeb, "New Media and the Information Revolution in the Arab World," *Middle East Journal* 54, no.3 (2005):395–418.

②Champion, "The Kingdom of Saudi Arabia: Elements of Instability within Stability," *Middle East Review of International Affairs* 3, no.4 (1999):49–73.

然而，一系列的事实包括沙特与西方的政治联盟对美国的唯命是从，对纳赛尔和阿拉伯民族主义的持久敌意，第一次和第二次海湾战争期间对伊拉克的支持，阿拉伯各国对沙特版本伊斯兰瓦哈比主义的反感等，使这一任务变得异常艰巨。尽管如此，沙特媒体仍极力将沙特对阿拉伯世界的领导力描述为一个既定事实，至少从新媒体发展的速度和数量上来说，沙特做到了这一点。

1991 年 9 月，沙特从伦敦发射了中东广播中心（MBC），这是沙特拥有的第一个卫星电视，其出现就是为了替代美国的 CNN，站在沙特的立场报道阿以和谈多边进程。因此，在随后马德里举行的阿以和谈期间，MBC 的报道变得异常活跃。随后，沙特又分别于 1993 年和 1995 年在意大利设立了阿拉伯广播电视（ART）和轨道电视（Orbit TV），后者是中东和北非地区第一个全数字、多频道的付费电视。除了独立设立的这三家卫星电台外，沙特凭借强大的财力，通过共有权形式对黎巴嫩国际广播公司（LBCI）、阿拉伯新闻网（ANN）、未来电视台（Future TV）和阿拉伯比亚电视台（Al-Arabiya）等其他卫星频道施加影响。其中，阿拉伯比亚电视台建立的初衷就是“为了吸引半岛电视台庞大而忠诚的观众”。[①] 2003 年伊拉克战争期间，两家电台围绕战事展开了另一场线下媒体战。总而言之，尽管沙特政府可能无法取得阿拉伯观众的认可，但它仍然试图通过其在卫星电视领域的影响力，展示其对阿拉伯世界的政治影响力。

通过上述对埃及、约旦和沙特阿拉伯三个案例的研究可以清晰地

---

①Jean K. Chalaby, *Transnational Television Worldwide: Towards a New Media Order*（New York：I. B. Tauris, 2005）.

发现：阿拉伯国家政权与大众媒体间存在着长期的政治互动关系，即媒体（不论是旧式的无线电广播形式，还是新式的卫星电视形式）在各个阶段始终围绕着国家政治的核心利益与关切发挥不可替代的作用。这对于我们理解阿拉伯各国大众媒体在不同阶段的发展特征及其政治语境范式十分重要。

第三节　卡塔尔半岛电台媒体传播战略研究

半岛电台（Al-Jazeera）成立于 1996 年，是一家由卡塔尔王室出资建立的国际媒体，总部在卡塔尔的首都多哈。该频道经地面电视讯号、有线电视讯号以及卫星向阿拉伯世界广播。除了阿拉伯语电台之外，还同时拥有英语、土耳其语电台。2015 年，半岛电台开通中国区业务，包括官方新浪微博以及微信公众号。

开播之初，为了增加收视人群，半岛电台着力于播报海湾各国争议性事件。1998 年美国向伊拉克发起“沙漠之狐”行动[①]期间，半岛电台是唯一一个在伊拉克拥有记者的国际新闻媒体，因此其独家新闻片段在西方媒体眼中显得非常珍贵。2000—2001 年，半岛电台播出的纪录片《黎巴嫩内战》在观众中备受好评。2001 年“9·11”事件之后，基地组织领导人本·拉登的独家录像多次经半岛电台播出，使半岛电台

① 指英美两国于 1998 年 12 月 7 日发起的针对伊拉克的大规模空袭行动，理由是伊拉克违反联合国安理会 687 号决议，不配合联合国核查人员。

声名鹊起。2003年，伊拉克战争[①]爆发，半岛电台在报道中坚定自己的立场，受到阿拉伯人的欢迎，其被称作“中东的CNN”。然而，半岛电台关于道德和宗教问题的报道和评论，经常引发与其他阿拉伯国家以及宗教保守派之间的争议和矛盾。特别是2010年“阿拉伯之春”以来，其新闻播报和政治评论节目经常为了博取眼球而偏离实际，或带有明显的政治倾向而遭到诟病，但目前它仍是阿拉伯国家最具有影响力的电台之一。

本节围绕半岛电台成立的时代背景和它与赞助国的特殊关系，分析其媒体传播战略形成的原因及影响，以及其媒体战略如何服务于赞助国卡塔尔的“小国大外交”战略并取得积极实践效果的。

一、半岛电台的成立背景及其使命

半岛电台所在的卡塔尔，是一个位于阿拉伯湾中部的岛国。与其他海湾地区的阿拉伯国家一样，1971年独立后的卡塔尔一直是一个君主制国家，石油和天然气是国民经济的主要来源。由于能源的富足和国民人口的稀少，卡塔尔是世界上人均收入最高的国家之一。半岛电台成立前一年，即1995年，卡塔尔现任埃米尔哈马德·本·哈利法·阿勒塔尼（以下简称“哈马德”）发动宫廷政变，推翻了父亲的统治取而代之，成为国家的第九代执政者。

哈马德上任伊始，便面临着来自内部和外部的一系列挑战。从内部来看，亟待稳固自身政权；从外部来看，政变后的卡塔尔与强大邻国

① 2003—2011年，以美英军队为主的多国部队进攻伊拉克，并以消灭萨达姆·侯赛因为首的伊拉克复兴党的一场战争。

沙特阿拉伯之间的紧张关系进一步恶化。

为应对来自外部的持续威胁，哈马德不断通过改善与美国和以色列的关系来减少外部环境对自身的压力。其采取的一系列措施包括允许美国的一个装甲旅进驻卡塔尔，并恢复与以色列的贸易关系。2002年9月，伊拉克战争爆发前不久，哈马德又允许美国中央司令部从佛罗里达州的坦帕搬到了卡塔尔。

从内部来看，由于哈马德采取的亲美、亲以立场遭到了本国民众的质疑，卡塔尔政府需要采取一些措施来克服内部挑战，成立半岛电台便是其中重要的一个部分。

在此背景下，半岛电台于1996年成立。电台成立之时正值英国广播公司（BBC）和沙特旗下轨道公司（Orbit）间协议破裂之际，这为半岛电台提供了千载难逢的机会：BBC阿语频道被迫解散，半岛电台顺势承接了大部分前BBC阿语频道的员工。同年，卡塔尔政府又取消了国家的信息部。这一部门在过去曾象征着国家对信息流动的完全控制，而今这一在阿拉伯国家史无前例的举动，表明了卡塔尔新埃米尔塑造一个开明的、致力于变革的、富有地区影响力的新政权形象的决心。随后，新政府又通过赋予卡塔尔妇女投票权（这也是阿拉伯大多数海湾国家前所未有的举动）、颁布新宪法确立议会选举制度等，不断对内对外打造一个更为开放、自由和民主的卡塔尔国家形象。

2000年，半岛电视台播出的纪录片《黎巴嫩内战》在观众中备受好评，开始崭露头角；2001年“9·11”事件之后，半岛电台因多次播出基地组织领导人的独家录像声明而声名鹊起，在全世界范围内广为人知；随后，半岛电台通过关于2001年阿富汗战争、2003年伊拉克战争的出色报道，成为阿拉伯世界最受欢迎的媒体电台，被称作“中东的 CNN”。2005 年，半岛电台击败了芬兰的诺基亚、英国的维珍集团（Virgin Group）[①] 和美国的可口可乐等知名企业，被选为全球最具影响力的第五大品牌 [②]。至此，半岛电台成为阿拉伯国家除石油资源外少有的、拥有全球影响力的品牌。可以说，半岛电台强大的媒体引导力，不仅早已使卡塔尔新政权脱离了被边缘化的危险，甚至使卡塔尔成为一个政治显赫的国家。[③]

2010 年“阿拉伯之春”革命后，哈马德的外交政策开始从“中立调解”逐渐转向“积极干预”。之前，卡塔尔灵活务实的外交行动使其在国际社会留下了中立的“中间人”的良好形象，但随后其外交政策更倾向于机会主义、务实和个性化，这种演变植根于卡塔尔国力的大幅提升，同时与美国和穆斯林兄弟会等外部力量的支持及中东地缘政治的变化密切相关。

哈马德将伊斯兰世界民粹主义 [④] 的崛起视为阿拉伯未来的浪潮，通过支持阿拉伯世界的民粹主义和伊斯兰团体（尤其是穆斯林兄弟会）成为影响地区政治的重要力量。为此，他给了穆斯林兄弟会精神领袖

---

① 维珍集团是英国多家使用维珍作为品牌名称的企业所组成的集团，由著名的英国商人理查德·布兰森爵士创办，集团业务范围包括旅游、航空、娱乐业等。

②《全球最具影响力品牌排名出炉》，新浪新闻 2005 年 2 月 1 日，http:// www.sina.com.cn/w/2005-02-01/09225007546s. shtml。

③ Naomi Sakr,“Mavrick or Model? Al-Jazeera’s Impact on Arab Satellite Television,” in *Transnational Television Worldwide: Towards a New Media Order*, ed. J.Chalaby（London:I. B.Tauris,2005）, pp.66-95.

④ 关于冷战后中东民粹主义发展情况请参看马晓霖：《冷战后三十年中东国家政治发展管窥》，《西亚非洲》2021 年第 5 期，第 16—18 页。

优素福·卡尔达维卡塔尔公民身份，并让他在半岛电台开辟专栏。哈马德与加沙的哈马斯政府保持密切关系，在埃及革命中支持和资助穆尔西政权，积极干预利比亚内战[①]以及在叙利亚内战中坚定地支持伊斯兰反对派，这些都显示他试图凭借“泛阿拉伯主义”“泛伊斯兰主义”实现其地区政治大国目标的理念。

二、半岛电台的媒体传播战略

> 我们勇敢追求真相，我们为无声者发言。清白做事、互相尊重是我们工作的宗旨，人文关爱是我们新闻的温度。我们与权势之间只探讨真相，我们用专业、细致和客观树立权威，我们用创新精神实现与众不同。
>
> ——半岛电台阿语网站[②]

半岛电台官网的卷首语清晰地阐明了它对自身使命的定位及其所秉持的新闻理念，我将其概括为“用我们的视角陈述我们的事实”。它体现了半岛电台战略的两个要点：“泛阿拉伯主义”的政治立场和“自由主义”的新闻理念。前者使之区别于西方媒体，后者使之区别于传统阿拉伯媒体。

① 2011 年利比亚内战期间，卡塔尔在许多方面向利比亚反对派提供了强有力的支持，加速了卡扎菲的垮台和反对派政权的建立。卡塔尔选择性地协助利比亚伊斯兰反对派，并深刻影响了后卡扎菲时代利比亚的政治重建。世俗主义阵营和伊斯兰主义阵营之间的长期对抗将利比亚拖入了第二次内战的深渊。

② 参见半岛电台官网简介：https://network.aljazeera.net。

1. “泛阿拉伯主义”的政治立场

“泛阿拉伯主义”是半岛电台公共政策的重要特征之一，也是半岛电台公开宣扬的意识形态。这一主义（有时表述为统一的阿拉伯民族或阿拉伯社团）长期存在于阿拉伯世界民众的脑海之中，但从未得到过清晰确凿的表达。一方面，阿拉伯人对其有着根深蒂固的热情，所有阿拉伯政治领导人都意识到了这一点，他们的合法性、受欢迎程度，有时甚至是生存与否都取决于是否遵守“阿拉伯统一”这一准则；另一方面，建立在主权国家基础上的阿拉伯各国及其当权者“又倾向于牺牲‘阿拉伯社团’利益，以实现各自国家的主权利益”。[①]

在这一隐晦的政治共识下，卡塔尔半岛电台将长期以来存在于阿拉伯大众头脑中，却得不到外在表达的概念具体化并付诸实践。通过“泛阿拉伯主义”策略，半岛电台将自身与特定的国家身份、大众利益联系起来。既然英国 BBC、美国 VOA、法国 RMC 分别代表和表达了一个国家和一个群体的利益，那么，为什么阿拉伯媒体不可以呢？半岛电台满足了阿拉伯民众的这一期望，它通过将自己描述为一个泛阿拉伯的频道，向阿拉伯全体听众传递信息和发表意见，从而超越了特定的阿拉伯国家或阿拉伯政权。于是，在各类新闻播报中，半岛电台记者在陈述自我身份时首先会将自己描述为“阿拉伯人”。例如，在每周的《反方向》节目中，知名记者费萨尔·哈希姆（叙利亚籍）就经常使用“阿拉伯民族”“阿拉伯团体”等类似的政治标语，尤其是在对抗殖民主义和犹太复国主义的语境中。在半岛电台的节目中，那些反阿

---

① Leila Hudson, Adel Iskandar, Mimi Kirk, *Media Evolution on the Eve of the Arab Spring*(New York : Palgrave Macmillan, 2016), p.185.

拉伯民族主义政策、试图分化阿拉伯公共领域的阿拉伯国家领导人常常会遭到激烈的批评。正如娜奥米·萨卡尔（Naomi Sakr，2005）所说，作为泛阿拉伯电视台的半岛电台将不同的阿拉伯观众聚集在了一个由通信卫星足迹配置的地理语言社区中。①

也正是基于这一理念，半岛电台显示出了与BBC和CNN等西方媒体的与众不同之处，后者常常将自身描述为不体现任何政治倾向性的“客观的、中立的”媒体，而前者从一开始就表达了自己作为“阿拉伯民众”代言人的立场。正如半岛电台资深记者阿萨德·塔哈经常说的：“我绝对不认同新闻记者的中立立场，事实上，根本就不存在中立记者和中立媒体这种东西。”②

“泛阿拉伯主义”作为半岛电台媒体传播战略的核心，主要通过两个方面得以体现：一是广播面向以阿拉伯语为母语的听众，不仅仅局限于阿拉伯国家，还包括世界其他地区（主要为欧洲）的阿拉伯听众；二是主要关注阿拉伯国家事务，以及与阿拉伯人有关的国际事务。

首先，为打造“泛阿拉伯主义”的媒体形象，半岛电台记者和媒体人员来自各个不同的阿拉伯国家——半岛电台成立之初，正值英国广播电台阿语频道解散之时，因此半岛电台将不少BBC的精英招募到旗下，这些精英包含了来自各个阿拉伯国家的媒体人士，甚至包括来自欧洲的阿拉伯二代移民，这种多元化的人事制度是其“泛阿拉伯主

---

① Naomi Sakr,“Mavrick or Model? Al-Jazeera's Impact on Arab Satellite Television,” in *Transnational Television Worldwide: Towards a New Media Order*, ed. J. Chalaby（London:I. B.Tauris,2005）, p.78.

② Phillip Seib, *New Media and New Arab World*（New York: Palgrave Macmillian,2007）, p.66.

义”战略得以实现的重要保证。

其次，和许多国家的地方卫星频道不同，半岛电台不仅使用标准阿拉伯语播报所有的新闻，连访谈类节目也一律采用标准阿拉伯语，这在阿拉伯国家中并不常见。这一语言政策使半岛电台不仅吸引了来自阿拉伯国家的听众，也吸引了全球其他国家对阿拉伯国家事务感兴趣的专家、学者和听众。

再次，半岛电台的名称和选址也体现了其“泛阿拉伯主义”色彩。“Al-Jazeera”在阿拉伯语中的意思为“半岛”，使人第一时间联想到了阿拉伯语和伊斯兰教的发源地阿拉伯半岛。和许多阿拉伯国家的私人卫星频道不一样，前者为了避开阿拉伯国家严格的新闻审查制度，大都将总部设在海外（如以沙特为代表的境外媒体集团），半岛电台则将总部设在阿拉伯世界的地理中心卡塔尔，使其更贴近阿拉伯听众。当然，这一做法也有助于打破人们对于“民主”和“言论自由”的阿拉伯媒体只可能存在于海外的这一刻板印象。

最后，在新闻报道方面，虽然阿拉伯国家仍是主要关注的区域，但其新闻不仅仅局限于阿拉伯国家和中东地区，而是将视野投向了全球。世界各地的阿拉伯观众每天晚上都会同时聚集在电视机前观看半岛电台的新闻播报和脱口秀，这在他们的历史上还是第一次。半岛电台的记者、新闻主持人和脱口秀主持人都是来自阿拉伯世界各个角落的跨国人士，包括摩洛哥、埃及、伊拉克、巴勒斯坦、叙利亚和其他阿拉伯国家。

2.“自由主义”的新闻理念

几十年来，阿拉伯观众被他们的国家政权和大众媒体疏远和边缘化，如游牧者一样被迫踏上一段虚拟的旅程，他们通过西方媒体，有时是 BBC、VOA、蒙特卡洛电台（RMC），有时甚至是敌人以色列的无线电台，期望找到不同于本国政府立场的替代性视角。正如埃及信息部前部长穆罕默德·法伊克所说："到目前为止，我们都是通过外国电台了解我们自己国家的情况。"①

然而，西方媒体对第一次海湾战争的报道，尤其是 CNN 的报道，彻底粉碎了阿拉伯观众对他们的信心，迫使他们开始重新寻找能正确表述阿拉伯人立场的媒体。一位阿拉伯记者的观点简洁地总结了这 10 年的特殊性：

> 有一段时间，我们避免直视西方记者，他们在我们身上创造了许多复杂的东西，让我们觉得自己像侏儒，并让我们相信自己是无能的……我们看到他们在行动，他们在作伪证，看到他们像捏黏土一样捏造舆论，这简直让人无法相信……我们看到他们将智能炸弹和所谓的无创手术技术浪漫化，我们看到他们为一只沾满油污的鸟哭泣，并把伊拉克战争受害者的残肢描述为亲萨达姆政权的政治宣传。曾经有一段时间，我们认为他们来自另一个星球，在那里，政权、人民、植物呼吸着民主，我们几乎相信这一点，但最近的事件使我们大开眼界。②

半岛电台敏锐地捕捉到了这一信息，通过为阿拉伯民众代言，它

①Mahmoud Raouf Al-Sadi, "AL-Jazeera Intifada on the Air, " University of Memphis, Memphis（USA）, 2011, p.4.

② Ghareeb, "New Media and the Information Revolution in the Arab World," *Middle East Journal* 54, no.3（2005）:402.

满足了阿拉伯观众在经年累月地被疏远和边缘化过程中形成的心理渴求——“被尊重”。半岛电台通过各种方式邀请观众参与互动和讨论，如现场连线、开辟博客专栏、电子邮件等，并给予他们前所未有的言论自由，使阿拉伯观众在历史上第一次可以公开地对他们的政府发表反对意见，实现半岛电视台自诩的形象——“无讲坛的讲坛”（minbar min la minbar）[①]。

半岛电台与其他阿拉伯国有和受政府控制的电台的关注点也完全不同：后者几乎将关切完全集中在国家元首及其部长的日常活动上，不管这些活动多么微不足道；而半岛电台则相反，它很少报道或评论卡塔尔权威人士的日常活动，除非此类活动直接与泛阿拉伯听众的普遍关切有关。关于“什么可以说”这一问题，半岛电台有着自身的价值判断，例如领导者的政治丑闻、权力滥用、专制迫害、腐败等以往阿拉伯传统媒体不可能涉猎的话题，如“伊斯兰教是否与政治民主存在不可调和性”“伊斯兰教原教旨主义”“妇女赋权”“一夫多妻”等，这些以往被视作禁忌，但又引起普遍关注的话题都出现在了它的节目中。希伯利·泰尔哈米（Shibley Telhami，2004）对此进行了总结：“半岛电视台之所以成功，很大程度上是因为它对公众态度有反映。”[②]

阿拉伯民众惊喜地发现以民主、言论自由、人权为主的这些“自由主义”的新闻理念原本只能在西方媒体中找到，但如今却被卡塔尔电台引入，并置于伊斯兰主义的框架下，使之成为其区别于传统阿拉

① 半岛电台的一档政治辩论类节目。

② Shibley Telhami, *The Stakes: America in the Middle East: The Consequence of Power and the Choice for Peace*（Boulder Colorado: Westview Press, 2004）,p.77.

伯国家媒体和政党媒体的显著标志。半岛电台之所以始终强调其成功经验来自奉行完全独立自主的新闻报道立场，原因有以下两点：一方面这有助于进一步打造民主、开明、锐意进取的新一代卡塔尔执政者的国际形象，特别是其不屈服于美国等域外超级大国的压力，不屈服于其他阿拉伯国家的强权，维护新闻自由的立场；另一方面，强调新闻媒体的“独立性”是现代媒体品牌形象塑造中不可或缺的因素。

半岛电台将新闻“自由主义”理念提到了十分重要的位置，例如其知名的谈话类节目《不止一个观点》（由约旦知名记者萨米哈·达德主持）基本上就是一个围绕“民主”“言论自由”“人权”等意识形态展开的辩论节目，每期至少有三个持不同观点和具有不同意识形态背景的嘉宾围绕这些议题展开充分的辩论。

为了坚持“自由主义”，半岛电台也付出过不少代价。1998 年叙利亚评论家在《反方向》节目中公开指责约旦与以色列媾和窃取巴勒斯坦领土，2004 年半岛电台对沙特朝觐期间踩踏事件的报道，2005 年半岛电台在节目中讨论科威特的妇女权利问题，2010 年“阿拉伯之春”革命期间半岛电台对穆斯林兄弟会等亲伊斯兰组织的支持，等等，使半岛电台一直受到该地区其他阿拉伯国家的批评，几乎每过一阵子就有阿拉伯国家因为半岛电台的节目与卡塔尔发生外交摩擦，乃至断交。[①] 对半岛电台的指责不仅来自各国政府，有时也来自同行乃至观众，

① 2002 年 8 月，约旦政府因半岛电台在播出的节目中“污蔑和攻击王室”，勒令卡塔尔半岛电台关闭其设在约旦首都安曼的办事处；2014 年，埃及以“协助埃及恐怖组织散播虚假消息”为罪名逮捕了三名卡塔尔半岛电台记者并判处其 7—10 年监禁；2017 年 5 月，半岛电台因报道卡塔尔埃米尔关于伊朗的不当言论，遭到阿联酋、沙特阿拉伯等国封杀。

如卡塔尔半岛电台对地区冲突和战争过于真实的血腥报道，就曾引发过新闻界关于新闻责任和操守的争议。

但半岛电台从不掩饰和避讳来自各方的争议，“每一次来自美国政府、其他机构或同行的批评和制裁都是为半岛电台打的免费广告”。①在“阿拉伯之春”革命后，因为越来越多博眼球式的选择性报道和片面化报道使半岛电台的公信力受到了影响。但半岛电台从来都是一个选择在争议中前进的电台，有部分观众退出，也总有部分观众选择加入，无论如何，目前它仍是阿拉伯国家最受欢迎的媒体和最有影响力的品牌之一。

三、半岛电台的媒体传播战略与卡塔尔外交政策的互动

1995 年之前，卡塔尔在地区和国际政治中一直默默无闻。其外交政策的转变几乎和半岛电台的成立同步，换言之，半岛电台在卡塔尔的外交转型和国家形象塑造过程中发挥了重要作用。其中，最主要的就是它在塑造卡塔尔外交中的新“泛阿拉伯主义”战略中发挥的作用。

新“泛阿拉伯主义”作为一种思潮或政治目标是在最近 20 年才开始显现的，这与阿拉伯世界以及全球媒体领域的变革紧密相关。过去，在卫星电视时代到来以前，阿拉伯各国民众的视野仅局限在少数风格保守、内容单一的政府和政党频道，以半岛电台及其一系列竞争对手为代表的地区卫星电视的兴起，为阿拉伯观众提供数量更多、内容更丰富的选择。从摩洛哥到阿曼的不同国家的阿拉伯人在同一时间观看

① Phillip Seib, *New Media and New Arab World*（New York: Palgrave Macmillian, 2007）, p.70.

相同的节目，加之长久以来存在于民众头脑中的“阿拉伯民族共同体”情结，使卫星电视得以创造了一个超越主权国家界限的阿拉伯社会公众领域。

之所以称半岛电台所奉行的“泛阿拉伯主义”为新“泛阿拉伯主义”，是因为其区别于纳赛尔时期的“泛阿拉伯民族主义”，后者主要是国家主导的，而前者更多依靠市场驱动。莫顿·瓦尔比约恩（Morton Valbjorn）将20世纪50—60年代在阿拉伯世界传播纳赛尔思想的“阿拉伯之声”（Sawt al-Arab）频道与半岛电台进行了比较后认为：前者是埃及进行意识形态宣传的工具，是一个单一的、单向的宣传来源，而半岛电台则是一个由市场需求驱动的商业性、准独立电台，其宣传方式更多倾向于对话式和辩论式。①希伯利·泰尔哈米（Shibley Telhami）认为，这种新的“泛阿拉伯主义”（或称之为“新阿拉伯主义”）是阿拉伯世界的知识精英试图找到的一种独立于国家的方式，用来维护他们的政治权力，并主要利用卫星电视来维护和巩固其阿拉伯人的身份。②马克·林奇（Marc Lynch，2006）也认为，半岛电台正在和其一系列竞争对手如阿拉比亚电台、黎巴嫩广播公司等创造一个“新的阿拉伯公众”，这个公众不应该从领土上定义，而应该根据一个共同的身份和一组共同的政治论点和兴趣来定义。③

---

① Monteagle Stearns, *Talking to Strangers: Improving American Diplomacy at Home and Abroad*（New Jersey: Princeton University Press, 1996）, p.164.

② Shibley Telhami, *Power, Legitimacy and Peace-making in Arab Coalitions: The New Arabism*（Gainesville: University Press of Florida, 1999）, p.57.

③ Marc Lynch, *Voices of the New Arab Public*（New York: Columbia University Press, 2006）, p.22.

在构建新“泛阿拉伯主义”这件事上，半岛电台不仅仅通过在巴以冲突、伊拉克战争、叙利亚战争、“阿拉伯之春”等地区重要政治事件的报道中发挥积极作用，在其文化、体育、娱乐等日常生活报道中同样表现出了明显的“泛阿拉伯主义”倾向。例如，克里斯多夫·菲利普（Christopher Phillips，2012）[①]的研究就分析了半岛电台如何通过对2008年北京奥运会的报道来达成构建新“阿拉伯民族主义”理念的。

此外，相比于纳赛尔时期的世俗阿拉伯主义，卡塔尔半岛电台及其赞助国所奉行的新“泛阿拉伯主义”显示出了明显的伊斯兰倾向和自由主义倾向。[②]伊斯兰倾向体现在半岛电台对于穆斯林兄弟会精神领袖、知名伊斯兰主义者优素福·卡拉达维的推崇，以及其在巴以冲突、叙利亚战争以及“阿拉伯之春”革命中的普遍报道；自由主义倾向则通过其各类政治辩论类节目和公众互动栏目得以展现。例如，在《多个意见》《开放对话》《无界限》《反方向》等政治栏目中，来自阿拉伯各国的泛阿拉伯主义者、伊斯兰主义者、自由主义者、支持建制和反建制团体等轮番登场，这与阿拉伯观众长期熟悉的旧式国家控制电视节目的模式截然不同。半岛电台还允许观众通过电话、传真、电子邮件等方式参与各类敏感和禁忌话题的讨论，充分展现其坚定的自由新闻主义者形象。

---

① Christopher Phillip, “Team Arab: Al-Jazeera and the Flagging of Everyday Arabism during the 2008 Beijing Olympics,” *Journal of the Association for the Study of Ethnicity and Nationalism* 18, no.3（2012）:504-526.

② Raymond Hinnebusch,“The Politics of Identity in Middle Eastern International Relations,” in *International Relations of the Middle East,* ed. L.Fawcett（Oxford:Oxford University Press）, p.154.

第四节　英国广播电台阿语频道媒体传播战略研究

英国广播电台阿语频道（以下简称 BBC 阿语频道）是英国广播公司（以下简称 BBC）传媒帝国的重要组成部分，其成立与发展是 BBC 开展国际传播战略的必然需求。20 世纪以来，BBC 一直是英国打造全球传媒强国的主要实践者，它不仅开创了公共广播电视体制，也是传统媒体在互联网时代实现媒体转型和自我发展的典型案例。BBC 阿语频道是 BBC 最早拓展的海外业务之一，也是迄今为止 BBC 运行时间最长的外语新闻频道之一。本节通过梳理 BBC 阿语频道的发展历程，特别是着眼于不同时期 BBC 阿语频道传播策略的变化与调整，探讨其如何适应不同时期全球和地区媒体环境的变化带来的挑战，并实现其国家任务和历史使命的。

一、从 BBC 阿语电台到 BBC 阿语频道的发展历程

由于阿拉伯世界一贯以来重要的战略地位，1938 年，BBC 中东广播电台成为 BBC 第一个外语广播服务电台。70 年后的 2008 年，BBC 阿语频道又成为 BBC 世界广播服务的第一个三媒体平台（Tri-Plantform，即 BBC 阿语频道的电视、广播和网站三平台）。不论是在无线电广播时期还是在数字化时代，BBC 阿语频道始终服务于英国的国家利益。

1. 二战期间

BBC 阿语频道是 BBC 国际频道（BBC World Service）旗下的地区频道。1932 年，BBC 成立了帝国服务局，主要为散居在大英帝国本

土外的侨民服务，通过广播将他们与祖国联系起来。但随着二战的爆发，“公共服务”的初衷受到持续升级的战事的挑战。BBC 越来越迫切地面临一个选择，是保持对客观事实的中立报道，还是通过广播来鼓舞士气，为同盟国的战争做好宣传工作。这种犹豫一直持续到了 1940 年秋天，在德国对英国的一次空袭中，一枚导弹击中了 BBC 位于伦敦的广播大楼，导致了 7 名工作人员死亡，这促使 BBC 改变以往的中立立场，转而承担起战时欧洲乃至整个世界反法西斯战争动员的媒体角色。1940 年至 1941 年，BBC 海外电台的规模扩大了将近 3 倍，推出了同时使用 8 种语言的海外广播业务，包括面向苏联、中东、印度、日本等国家和地区的语种广播。为了让美国尽早加入战争，它还专门增加了针对北美地区听众的特殊业务，向美国推送关于欧洲战事的最新动态。正是从这一阶段开始，BBC 广播开启了国家资助的、有组织的对外媒体传播活动。

1938 年，BBC 中东广播电台成立，并率先使用阿拉伯语进行播报。2 年后，面向伊朗的波斯语广播电台成立，并与土耳其语广播一起组成近东服务部门。成立之初，BBC 阿语广播电台的首播时长仅有 65 分钟，1940 年增加到 1 小时 25 分钟，1942 年接近 2 小时，到第二次世界大战结束时，每日播报时常达到了 3 小时。由于这一时期 BBC 阿语广播电台是阿拉伯听众获取二战战况和外界信息为数不多的可靠渠道之一，它深受当地人民欢迎并拥有良好的口碑。

2. 二战结束到 20 世纪 80 年代

二战结束后，BBC 阿语广播电台作为战时动员媒体的作用逐渐下降，但由于先入为主的优势、持续不懈的市场耕耘和稳定的媒体队伍，在第二次世界大战后的 10 年间，BBC 阿语广播电台作为中东地区绝对主要跨国媒体的地位有增无减。

这一时期，它在中东地区的主要竞争对手是来自阿拉伯国家的近东广播电台（Near East）①。该电台据称是巴勒斯坦独立的商业电台，于 1948 年迁至塞浦路斯。事实上，它也是一个受到英国外交部和联邦事务部秘密支持的电台，利用阿拉伯人向阿拉伯人传递英国的立场和政策，直到 20 世纪 50 年代中期纳赛尔的开罗电台兴起前，近东广播电台在中东地区拥有绝对的优势。Near East 和 BBC 广播电台的不同之处就在于：BBC 广播电台瞄准的是阿拉伯国家的知识分子，而 Near East 则以阿拉伯街头的普通听众为受众对象。因此，在阿拉伯的街头，Near East 比 BBC 广播电台受欢迎程度更高。

到了 20 世纪 60 年代，BBC 广播电台在地区每周的广播时间超过了 30 小时，而同期的法国电台和美国之音每天的播报时间仅为 3 小时，莫斯科电台为每天 1 小时。这些国家无一例外地意识到了国际广播事业对于支持本国中东战略的重要意义。

1965 年，BBC 英语通用海外部改组成为世界服务部，涵盖了之前的英语广播业务和世界其他地区的广播业务，这体现了新形势下英国战后同盟关系的演变以及其外交政策的重大变化。这一时期，中东地

① 近东广播电台：全称 Near East Broadcasting Station，1941 年开始广播，早期总部位于巴勒斯坦，完全由英国政府资助和运营，其目标为“吸引阿拉伯人加入英国和英国支持的军队，并维持巴勒斯坦的政治和经济稳定”，以应对同期纳粹政权在中东地区的广播宣传。二战以后，该电台继续在中东地区运营，后改名为“英国之声”（Voice of Britain）。1956 年，纳赛尔收回埃及对苏伊士运河的所有权，第二次中东战争爆发之际，该电台极力维护英国利益并开始播放反纳赛尔新闻。1957 年 3 月，该电台被移交给英国广播公司（BBC）。

区仍是 BBC 海外广播的重点区域，享有重要的战略意义。

3. 20 世纪 90 年代开始至今

进入 20 世纪 90 年代，中东地区的媒体形势经历了深刻的变化。一方面，以卫星电视和互联网为代表的新媒体技术的出现，开始吸引大批观众转移到这两大媒体公众平台。尽管 BBC 仍在广播领域拥有绝对的竞争力，但听众的不断流失已成为一个必然趋势。另一方面，中东地区的媒体竞争呈现出白热化趋势，阿拉伯各国媒体私有化进程的不断推进使地区媒体频道（尤其是 24 小时广播的阿拉伯语频道）数量急剧增加。以沙特为代表的地区媒体王国的崛起，以及 1996 出现的半岛电台，标志着中东地区本土媒体实力的增强。此外，1990—1991 年中东海湾战争①为美国 CNN 电台进军中东提供了千载难逢的机会。凭借着对海湾战争的出色报道，CNN 几乎成了中东地区乃至全球范围内首屈一指的超级媒体。

这一时期，媒体（特别是跨国媒体）在地区一系列热点事件中的表现清晰地反映了一个事实，即全球化背景下媒体角色的转变。媒体不再仅仅作为传播信息的媒介，而是演变成重要的政治力量，成为国际关系中独立的政治行为体。在此背景下，BBC 国际频道开始酝酿推出阿拉伯语卫星频道。1994 年 6 月，BBC 在轨道通信公司（Orbit Communications，隶属沙特王室）的资金支持下与其合作运营新频道，随后由于两者在新闻编译理念上的分歧，轨道通信公司撤走了资金，导致这次尝试以失败告终，阿拉伯语卫星频道于 1996 年 4 月被迫关闭。

---

① 又称波斯湾战争，1990 年 8 月至 1991 年 2 月，由美国领导的 35 个国家组成的联军和伊拉克之间的一场局部战争，旨在结束伊拉克对科威特的占领。

2004 年，BBC 世界服务部的归属发生重要变化，它被置于英国公共外交委员会的领导下，与英国外交和联邦事务部（FCO）[①] 及英国文化协会归为同一类别，成为政府资金的主要支持者，目的是促进英国的公共外交。与前任公共外交战略委员会相比，公共外交委员会的目的是服务英国公共外交战略，对下属机构进行绩效管理、评估和监督。2005 年，BBC 世界服务部为发展电视业务调整战略部署，削减了 10 种欧洲语言服务和泰国广播电台。2008 年 3 月，BBC 国际频道推出阿拉伯卫星频道计划。对此，BBC 世界服务部前总干事奈杰尔·查普曼（Nigel Chapman）说道："如果英国广播公司的阿拉伯语新闻没有出现在电视上，不管我们的广播和新媒体节目质量有多高，将永远面临着排在第二的危险。"[②] 频道最初每天播出 12 小时，但很快就扩展到 24 小时。一年后，外交和联邦事务部又以反恐战争和大中东地区公共外交需要为由，成立了波斯语卫星频道。

二、BBC 阿语频道媒体传播策略的变迁

BBC 世界服务部的发展历程涉及所有跨国媒体必须解决的一个普遍问题，即如何平衡赞助国政府、对象国公众和其新闻独立性之间的关系。从广播媒体时代到新媒体时代，从 BBC 阿语电台到 BBC 阿语

---

① 英国外交和联邦事务部英文全称为 "Foreign & Commonwealth Office"（简称 FCO），在英国统称为 "外交部"，是英国政府负责外交事务部门之一。成立于 1968 年 10 月 17 日，由原先的联邦事务部和外交事务部合并而成。2020 年 9 月 2 日，进一步与英国国际发展部（简称 DFID）合并为外交、联邦与发展办公室（简称 FCDO）。

②Fatima al-Issawi, G.Baumann, "The BBC Arabic Service: Changing Political Mediascapes," *Middle East Journal of Culture & Communication* 3, no.2（2010）: 145.

频道，在漫长的历史时期和错综复杂的国际媒体环境变化中，它始终凭借着灵活、务实的原则，在坚守自身传统价值、转换自身定位和寻找比较优势中实现战略平衡。

1. BBC 阿语广播时期

第二次世界大战爆发两周后，BBC 阿语广播电台的编辑在一份内部备忘录中描述了他对英国驻近东和中东外交官来信的反应，信中敦促 BBC 采取“极端的反德（或反轴心）宣传措施”。英国外交和联邦事务部在书面建议中写道：“应强调德国对其他种族的虐待，并推出每周一次的‘幽默特写’，盘点和讽刺本周轴心国的所有错误言论。”BBC 总干事对此坚定地回复道：“正如你们所知，目前 BBC 采用的‘强调大英帝国和法国的力量和团结统一，谴责德国的战争方法以及合理客观的战事公报’的报道原则受到了阿拉伯听众的良好反馈。”①

随着北非和阿拉伯国家战事日益吃紧，英国外交和联邦事务部再次敦促世界服务部对轴心国敌人采取更强硬的路线。在一份英国外交和联邦事务部近东事务部发给 BBC 的备忘录中提道：当前 BBC 关于战争的报道仍然微妙地分为“直接”和“间接”宣传。虽然新闻公报的正确功能依然是传达“直接”新闻，但与此同时，广播公司需要通过展示英国的物质力量、暴露敌人弱点的方式进行“间接”宣传。为了同时实现“间接”和“直接”宣传目标，英国外交和联邦事务部希

---

①BBC Written Archives, *Caversham (WAC) MS 1939: International Circulating Memo, Arabic service, Propaganda Policy. Sep 17, 1939,* BBC Archives: 1939, E2/295/1. See Fatima al-Issawi, G.Baumann, “The BBC Arabic Service: Changing Political Mediascapes,” *Middle East Journal of Culture & Communication* 3, no.2 (Apr. 2010).

望通过分工将“直接”宣传任务与新闻节目联系起来，同时将“间接”宣传任务分配给以围绕文化话题为主的谈话和评论节目。然而，BBC对这一政策建议仍持一定的保留态度，从1940年起，BBC阿语广播和外交与联邦事务部间大量往来的备忘录显示BBC始终坚持，即使是在战争时期，它也只能作为“间接”宣传的工具。①

1940年期间，又有一份名为《联军上将》的备忘录中指出：哪些新闻适合英语社区听众，哪些新闻适合阿拉伯语社区听众，并强调不要播放来自德国或意大利方面的任何新闻和消息，因为这些消息将引发听众的额外关注。另外，备忘录中还指出“那些预测战争对中东和近东国家威胁的公告不适宜播送，除非这些威胁遥不可及。例如，不应该播送轴心国对埃及、苏丹、叙利亚或伊拉克的威胁”。②尽管不知道这份名为《联军上将》的备忘录出自何人之手，但在后来的报道中它被外交和联邦事务部人员和BBC视为“非官方工作指南”。随后，BBC阿语广播电台对于其肩负的双重使命有了更清晰的认识：一方面致力于传播一个反对轴心国的稳固而统一的阿拉伯阵营形象；另一方面通过暗示轴心国战争的危险是遥远的来平息阿拉伯民众的舆论。

在其所坚持的“间接”宣传方面，BBC体现出了超高的受众意识和专业性。受过专业学术训练的英国阿拉伯语语言学家、阿拉伯文化名人成为主要倚重对象，其中最有名的就是塔哈·侯赛因（Taha

---

①BBC Written Archives, *Caversham（WAC）1940a:Internal Memo,* BBC Archives, July12. 1940, E2/295/1: Arabic Poliag, pp. 37-40.

②BBC Written Archives, *Caversham（WAC）1940b: Note on BBC Broadcasts,* BBC Archives, October 24. 1940, E2/260/1: Collaboration General, pp. 37-40.

Hussein)，他是 20 世纪埃及最有影响力的作家和知识分子之一，也是埃及现代主义运动的领袖。这些知识精英被邀请担任文化类节目的顾问或直接参与这些节目，节目内容主要是教授英语和介绍英国文化及生活方式，包括《英国 50 年:在牛津大学的日子》《英国的圣诞节》等，尽管节目标题听起来平平无奇，但对于渴望拓展文化视野、了解西方生活的阿拉伯听众来说非常具有吸引力。1944 年，在 BBC 阿语广播电台收到的一份观众来信显示，BBC 所提供的文化类节目被当地观众称之为“现代的大学”。①

此外，还有一些辩论类节目，最知名的两个为《听众论坛》(1942 年开始)和《问答》(1946 年开始)。在节目中，观众的问题都会得到来自布什大厦(BBC 国际电台总部所在地)简短但权威的回答。这类访谈类节目的成功之处在于 BBC 以隐晦的方式表达英国的立场，既避免了英国政府和外交部在处理敏感问题上与听众直接对话，同时又树立了 BBC 独立于政府的中立者形象。②

BBC 阿语广播电台和英国外交政策之间的这种既暧昧又共谋的关系在随后有关地区巴以冲突和苏伊士战争的报道中进一步凸显。1967 年 6 月 5 日，第三次中东战争爆发，开罗和大马士革方面的媒体报道指责英国和美国勾结支持以色列，使 BBC 阿语广播电台遭到了来自阿拉伯听众的不满，其间 BBC 将广播时间从每天 10 小时延长到 17 小时

①Peter Partner, *Arab Voices: The BBC Arabic Service 1938-1988* (London: British Broadcasting Corporation, 1988), p.38.

②Peter Partner, *Arab Voices: The BBC Arabic Service 1938-1988* (London: British Broadcasting Corporation, 1988), p.40.

的行为更是被阿拉伯听众解读为英国方面发起的舆论战。

为应对这一情况，BBC 给出的应对措施为：首先，不遗余力地展示其人道主义形象，从 1967 年 7 月开始，BBC 陆续收到 1200 多封寻亲信，并实际广播 950 次帮助战争中的人们寻找失踪亲属。其次，1968 年在以色列占领巴勒斯坦后，BBC 宣布其希伯来语频道[①]停播。

通过梳理和回顾 BBC 阿语广播电台这一时期的传播策略可以看出：尽管 BBC 阿语广播电台在与其赞助的英国外交与联邦事务部保持距离，维持新闻独立性方面作出了坚持不懈的努力（至少其宣称如此），但它服务大英帝国在殖民地的利益、促进英国与殖民地民众之间关系的宗旨始终没有改变。在非战争时期，它以文化教导和启迪民智的方式传播英国文化、思维方式与价值观；在战争时期，则通过搜集、分析和引导阿拉伯公众民意和舆论的方式积极协助赞助国推进地区政策，实现其赞助国利益。

2. BBC 阿语卫星频道时期

2008 年，在 BBC 世界服务部再次启动阿拉伯电视计划之时，中东地区的媒体竞争已经进入白热化。相比已经崛起的本土卡塔尔半岛电台和沙特的阿拉比亚电台，BBC 如何以外来电台的身份赢得阿拉伯本土观众的青睐面临着艰难的考验。对于 BBC 的介入，沙特阿拉比亚电台总经理阿卜杜拉赫曼·拉希德（Abdulrahman Al-Rashed）曾说："BBC 阿拉伯电台的推出不过是'丰富了阿拉伯国家的电视媒体社区'，

① 该广播电台创建于 1949 年 10 月（以色列建国后）。

只是代表了‘阿拉伯观众的另一种选择’。”① 卡塔尔半岛电台总编辑也表示：“我们欢迎任何提供免费多样信息的频道，多样性是好的，这不会吓倒我们，我们不怕竞争。”② 为此，BBC 如何在坚持其一贯宣称的“中立、全面和专业”报道的基础上寻找到错位竞争力，是其能否在激烈的阿拉伯国家媒体市场中杀出一条血路的关键。

BBC 阿语卫星频道在推出之际就伴随着一场激烈的营销活动，新电台除了强调其服务的非政治特性，即不受任何政治议程的影响外，还着重强调“三媒体平台”服务优势。为了突出其新闻产出过程中的参与性，它将自己的定位从原先专注于提供客观、中立的专业新闻频道转变为观众参与、讨论和辩论的论坛，并为此打造了旗舰节目《辩论观点》（*Talking Point*）。通过在三个平台上吸引观众参与和讨论，BBC 试图以此说明 BBC 阿语卫星频道是如何学会听取观众意见，而不是支持特定政治立场的。该节目每周播出 3 次，每次 50 分钟（随后在广播中再播出 30 分钟），观众通过电话、电子邮件、短信、网络摄像头等方式，就当代政治、社会或文化问题发表演讲及接受现场采访。节目主持人托尼·库里（Tony al-Khoury）在 2008 年 3 月 11 日该频道成立时的开场白中概述了节目宗旨：

> 这是一种媒体服务，它认为你是其中的一部分，让你有机会以互动的方式参与并表达你的观点……每周我们都通过节目和对

①Fatima al-Issawi, G.Baumann, “ The BBC Arabic Service: Changing Political Mediascapes,” *Middle East Journal of Culture &Communication*, 2010, 3(2):145.

②Fatima al-Issawi, G.Baumann, “ The BBC Arabic Service: Changing Political Mediascapes,” *Middle East Journal of Culture &Communication*, 2010, 3(2):145.

话，利用最现代的制作和广播技术与数百万人互动。我们将从各个角度与您一起关注问题，并为您提供与我们互动的机会，你不仅是新闻的接收者，更是新闻的制作者。[①]

然而，时至今日，观众对于新闻的要求早已不似从前。新媒体技术的发达，特别是互联网媒体发展环境下，新闻生产者与消费者界限的日益模糊，使“互动”“倾听”等词几乎成了新环境下媒体生产的必备技能，远非特色。早在BBC阿语卫星频道之前，半岛电台的《多个意见》《开放对话》《无界限》《反方向》等政治脱口秀节目就深谙此道，通过在政治访谈类节目中引入观众辩论环节，成为引领阿拉伯媒体“革命”的重要因素。至此，问题的关键转变为BBC频道的辩论节目与阿拉伯本土电台的有何区别?

为了回答这一问题，我们将BBC频道《辩论观点》节目和半岛电台《反方向》节目进行对比便能得到答案。2008年5月23日，BBC阿语卫星频道的《辩论观点》节目中问道：“如果伊斯兰主义者（Islamists）在你们的国家获得权威，你会有什么期待？”这一问题涉及了极具地区政治语境特色又富有争议的话题——伊斯兰教与国家政治。提问者隐喻地将“伊斯兰主义者”定位为一股谨慎的政治力量，而不是承认伊斯兰教与阿拉伯国家政治间的复杂关系（事实上，政治性是伊斯兰教区别于其他宗教的重要特点。伊斯兰教与阿拉伯国家政治有着天然和不可分割的联系），这样的提问恰恰说明了提问者背后的

①Andrew Hill, Atef Alshaer, “BBC Arabic TV: Participation and the Question of Public Diplomacy,” *Middle East Journal of Culture & Communication* 3, no.2 (2010): 156.

西方自由民主立场。为此，BBC 的这一提问被认为是在推动地区的“激进伊斯兰议程”。[①]

在社会和文化议题上同样如此。《辩论观点》经常就阿拉伯社会中被广泛认可或内化的价值观和态度提出质疑、引发思考，如：“作为阿拉伯人，你首先想到的是宗教还是种族？”（2008 年 3 月 11 日）；“你支持女性获得领导职位吗？”（2008 年 4 月 1 日）；“舞蹈：这是一种艺术还是廉价的娱乐？”（2008 年 4 月 28 日，回应关于在拉马拉举办当代舞蹈节的争议）；“攻击宗教的艺术品应如何对待？”（2008 年 3 月 31 日）；“你如何看待女性就业？”（2008 年 3 月 21 日）；“你对‘早婚’持什么立场？”（2008 年 4 月 16 日，回应也门一名童婚者与 30 多岁丈夫离婚的案件）；“男性对女性享有监护权是否有正当理由？”（2008 年 4 月 23 日）；等等。

BBC 阿语频道之所以执着于提出这些貌似司空见惯却又极易引发争议的话题，是因为当如今的阿拉伯听众早已不再习惯或甘心让西方国家和西方媒体来定义世界、定义东方和定义阿拉伯时，BBC 试图通过转变角色，将自己从一个“定义者”转变为“对话者”来启发甚至煽动民众，引发阿拉伯观众对自身文化的反思与内省，成为其传递和表达自我价值观的替代方式。实际上，通过鼓励听众参与“自由和开放”的辩论，让人们听到更多的不同的声音和反对意见，这本身就是在促进一种特定的立场或价值观。

---

①Andrew Hill, Atef Alshaer, “BBC Arabic TV: Participation and the Question of Public Diplomacy,” *Middle East Journal of Culture & Communication* 3, no.2 (2010): 156.

第五节 今日俄罗斯阿语频道媒体传播战略研究

2007 年，今日俄罗斯阿语频道（RT Arabic）开始进入阿拉伯国家媒体阵营，与西方老牌媒体帝国代表英国广播公司（BBC）、美国有线电视新闻网（CNN）和阿拉伯本土新卫视卡特尔半岛电台、阿拉比亚电台等展开竞争。经过短短 5 年时间，今日俄罗斯阿语频道便成为阿拉伯大众熟知的、具有广泛影响力的地区主要跨国媒体，其极具俄罗斯风格的视角和立场对于平衡西方媒体舆论对阿拉伯国家的影响起到了显著作用。本节通过梳理今日俄罗斯阿语频道的发展历程，分析其传播战略，旨在发现其成功的原因并总结有益经验。

一、今日俄罗斯阿语频道的发展历程

1. RT 电视台的创立与发展

自苏联解体以后，俄罗斯大众传媒业一蹶不振，主要媒体被犹太金融寡头控制，大量国外资本向俄罗斯国内传媒业渗透，国家丧失了对媒体的控制权。与此同时，欧美国家传媒业迅猛发展，快速抢占了国际传播市场，形成舆论垄断。俄罗斯逐步失去了在国际社会的话语权。在西方媒体构建的国际话语和传播体系中，俄罗斯的国际形象经常被丑化歪曲，国家立场和声音得不到有效传播，严重损害了俄罗斯的国家形象和利益。

2000 年，普京在当选俄罗斯总统以后，意识到丧失媒体话语权问题的严重性，便着手整顿本国媒体。2005 年，俄罗斯政府创办了以传播俄罗斯观点、解释俄罗斯立场为核心的今日俄罗斯电视台，并希望

将其打造成俄罗斯版的“CNN”，以专业的方式反映俄罗斯对世界的看法，打破西方世界对英语新闻的垄断，向世界展现一个没有偏见的俄罗斯国家形象。① 2009 年，为适应国际传播市场工作需要，全力淡化其俄罗斯官方背景，打造国际化传媒机构形象，今日俄罗斯电视台将其频道名称简化为“RT”。②

RT 电视台在创立初期并没有在国际传播市场上受到广泛关注。2008 年，RT 电视台因其对南奥塞梯冲突③的出色报道首次引起全球关注。2014 年，乌克兰危机④爆发。在报道这一事件过程中，RT 电视台的记者用镜头和亲身经历，以俄罗斯的视角讲述了西方媒体刻意隐瞒或者不愿意报道的事实真相，彻底突破了西方程式化报道模式和思维，在世界范围内引起了轩然大波，并成功地维护了俄罗斯的国家利益。⑤也正是由于对乌克兰事件的出色报道，RT 电视台被西方政府和媒体列为主要管制和竞争对象，并引发了俄罗斯同美国间的外交争议。此后，RT 电视台始终以独特的俄罗斯视角对叙利亚战事、伊拉克战事、乌克兰问题、美国监控全球丑闻等一系列重大国际问题进行了有别于欧美

---

① 陈春彦:《“今日俄罗斯”重塑国家形象的传播战略研究》,《对外传播》2019 年第 2 期，第 67—70 页。

② 郭金峰:《俄罗斯媒体国际传播策略研究——以 RT 电视台为例》,《国外社会科学》2020 年第 4 期，第 114—124 页。

③ 2008 年 8 月 7 日，格鲁吉亚对谋求分裂的南奥塞梯采取军事行动，攻占南奥塞梯首府茨欣瓦利。8 月 8 日，俄罗斯为保护其国民而越过边界，进入南奥塞梯地区进行军事干预。

④ 乌克兰危机：2013 年底乌克兰亲俄派总统亚努科维奇中止和欧洲联盟签署政治和自由贸易协议，欲强化和俄罗斯关系。11 月 22 日，乌克兰亲欧洲派在基辅展开反政府示威，要求政府和欧盟签署协议，亚努科维奇下台并提前举行选举。2014 年 2 月，亚努科维奇被罢免总统职务，随后便爆发了克里米亚危机和顿巴斯战争。

⑤ 许华:《从乌克兰危机看俄罗斯的国际传播力——兼议国际政治博弈中的传播之争》,《俄罗斯学刊》2015 年第 3 期，第 61—69 页。

主流媒体的全新解读，持续输出有别于西方媒体的俄罗斯观点，在国际社会中收获了大批观众。

目前，RT 电视台总部设在莫斯科，母公司为俄罗斯联邦所有的自治非商业组织 TV-Novosti，拥有来自 40 多个国家的 3000 多名员工。经过十几年的发展，RT 电视台已经成为一家拥有国际频道（英语频道）、阿拉伯语频道、西班牙语频道、纪录频道、英国台、美国台、德语网络频道、法语网络频道等多个子频道和 6 种语言的数字平台以及 1 个视频新闻通讯社（Ruptly）的综合性电台，播出范围覆盖 5 大洲 100 多个国家，受众规模达到 7 亿，在全球 20 个国家和地区设立了 22 个记者站。RT 电视台成为继 BBC、CNN 之后最具影响力的国际媒体。

2. RT 电视台阿语频道的创立与发展

2005 年 12 月，RT 电视台启动其国际频道（RT International），由于其有别于西方媒体的报道视角，在阿拉伯国家赢得了众多粉丝。2007 年 5 月 4 日，RT 电视台出于其全球媒体战略考量以及服务俄罗斯在中东的地缘政治利益，开始运营阿拉伯语频道。RT 电视台阿拉伯语频道（RT Arabic，以下简称 RT 阿语频道）是 RT 电视台继国际频道以后推出的第一个外语频道，是俄罗斯国有的以阿拉伯语广播的免费电视新闻频道，总部位于莫斯科，其母公司与 RT 电视台英语频道一样，隶属俄罗斯联邦所有的自治非商业组织 TV-Novosti。目前，RT 阿语频道拥有一支由 500 多人组成的国际化团队，其卫星信号覆盖欧洲、中东、北非、南非、亚太、澳洲和北美等地区，其观众除了阿拉伯国家民众外，还包含了其他地区讲阿拉伯语的人群，潜在受众人数超过了 3.5 亿。

二、今日俄罗斯阿语频道的媒体传播战略

RT 电视台在全球范围内的成功，打破了二战以后被欧美国家主导的国际传播体系，在世界传播格局中发出了不同于西方立场的俄罗斯声音，让包括阿拉伯国家在内的全世界受众看到了新闻事件的另一面。不仅如此，RT 电视台更借此改善了俄罗斯在世界范围内的形象，表达了俄罗斯立场，维护了俄罗斯的国家利益。在对阿拉伯国家的传播中，RT 国际频道和阿语频道双管齐下，以全景化的新闻报道、独特的视角和观点有力地平衡了西方舆论对阿拉伯国家的影响，其媒体传播策略可清晰地概况为“俄罗斯的立场、市场化的导向、本土化的运营”三大基本要点。

1. 俄罗斯的立场

传播俄罗斯观点、以俄罗斯视角看世界是 RT 电视台的传播策略。RT 电视台的新闻理念是“多一些质疑”（Question More），它凸显了 RT 电视台对西方主流媒体观点、报道内容的质疑，以及对更多独立观点的追求。在新闻实务中，RT 电视台始终以独特的俄罗斯视角报道叙利亚战争、伊拉克战事、乌克兰问题、美国监控全球丑闻等一系列重大国际事件，向受众呈现有别于欧美主流媒体的全新解读视角和观点，从而有效地打破了西方主流媒体对重大国际问题的话语垄断。

为向受众提供有新闻价值的差异性内容，RT 电视台有的放矢地重点报道了英美电视媒体刻意规避或无暇关注的议题，如中东、非洲等发展中国家的灾难、民生、种族冲突、反恐问题等。今日俄罗斯的评

论话题宽泛、大胆，观点犀利、深刻，反西方立场鲜明，以独具特色的差异化创作使受众不断获取与西方主流媒体不同的观点和体验。

RT 阿语频道在运营过程中也秉承了总台“传播俄罗斯观点、解释俄罗斯立场”的媒体报道理念，以特色化、差异化报道在地区阿语频道中占据了一席之地。2015 年，RT 阿语频道报道了其阿拉伯裔记者在以色列拍摄“耶路撒冷日”庆祝活动期间，遭受以色列安全部队殴打的事件。① 2017 年 12 月 9 日，RT 阿语频道再次报道了类似事件，引起了国际社会的广泛关注。此外，RT 阿语频道还因为对叙利亚局势的关注和报道而备受好评。2020 年 1 月 29 日，RT 阿语频道通讯员瓦法·萨博如尼（Wafa Shabruni）在叙利亚东南部伊德利布省的一次武装分子武器库拆除任务报道过程中被炸伤，失去知觉，后来被及时营救并由俄罗斯军医护送至哈马州立医院。这一事件成为 RT 阿语频道关于叙利亚局势报道的代表性事件。②

2010 年，RT 阿语频道在阿拉伯国家启动了一场由麦肯广告公司专门策划的大规模广告宣传。它在一个招贴画中将美国总统奥巴马易装成伊朗总统内贾德，并配上提问：“谁是最大的核威胁？”在另一个招贴画上，一名北约士兵穿上了塔利班的装束，并配上提问：“恐怖主义威胁仅仅来自恐怖分子吗？”这简直是说出了阿拉伯民众的心声。

---

① Paul Antonopoulos,“WATCH as Israeli Soldiers Attack RT Arabic Correspondent,” Fort Russ, December 9, 2017, https://fort-russ.com/amp/2017/12/watch-as-israeli-soldiers-attack-r/.

② Ruptly,“Israel/Palestine: See IDF Forces ATTACK RT Journalist,” May 18, 2015, https://www.ruptly.tv/en/videos/20150517-044-IsraelPalestine-See-IDF-forces-ATTACK-RT-journalist.

如果说半岛电台是第一个打破西方媒体垄断的阿拉伯电台，从此阿拉伯世界每天都可以看到巴勒斯坦人的苦难，那么 RT 电视台走得更远，它开始揭露西方国家在阿拉伯国家的丑恶嘴脸。正因为 RT 电视台大胆、犀利而又不乏深刻的观点以及鲜明的反西方立场，其不同于西方主流媒体的差异化创作在阿拉伯国家俘获了大批忠实观众。

2. 市场化的导向

RT 电视台是一个脱离原有体系重建的新媒体，是俄罗斯第一家以国际媒体形象面世的传播机构，其成立的初衷是为了帮助俄罗斯突破西方的媒体封锁，夺回国际话语权。为此，它的发展得到了俄罗斯政府的大力支持，但同时为了避免使 RT 电视台陷入苏联时期动员式的宣传模式，在经营理念和运营模式上又充分考虑了以市场需求、受众需求为导向。

作为俄罗斯国际话语构建的重要实践者，RT 电视台被纳入俄罗斯总统新闻顾问代表管理序列，由联邦预算直接拨款。2008 年全球金融危机期间，俄罗斯政府成立专门的金融委员会，将 RT 电视台列入“国家战略企业”名单，当年拨款超过 1 亿美元。2013 年，政府明文规定不得削减 RT 电视台的预算。《2015—2017 俄罗斯政府年度预算草案》规定，从 2015 年开始，俄罗斯政府将大幅增加外宣机构拨款，并于当年达到了 5 亿美元，较上一年增长了 29.5%。这表明俄罗斯政府对 RT 电视台的支持力度达到了前所未有的程度。

尽管 RT 电视台得到了政府资金的大力支持，但俄罗斯政府深知，为了能和具备成熟的国际传播经验的西方媒体进行竞争，就必须坚持市场化导向的经营理念。为此，为淡化 RT 电视台的俄罗斯官方背景，打造国际化传媒机构形象，2009年今日俄罗斯将其名称简化为“RT”，并开始着力打造和推广“RT”这个品牌和标识。

除资金外，俄罗斯政府对于RT电视台的重要支持还体现在给予其特殊的报道政策。除台长和总编辑的任命外，俄罗斯政府并不干预RT电视台的日常运营和管理。RT在组建采编团队、经营团队等方面拥有充分的自主权，甚至报道针对俄罗斯政府的示威游行也是被允许的。为了吸引更多观众，俄外交部部长、外交部发言人频繁在RT电视台亮相，就重大国际问题发声。俄罗斯总统普京为提升RT的知名度，也屡屡亲自为其站台，他的许多活动、讲话都由RT电视台进行首发或独播。

3. 本土化的运营

RT阿语频道本土化的新闻采播和营销团队，大大提高了其内容的质量和传播的效果，也是其在阿拉伯地区成功的重要原因。

目前，RT阿语频道拥有一个本土化的新闻团队，主要由阿拉伯人和俄罗斯阿拉伯学专家及东方学专家构成。第一任主编阿克拉姆·哈兹姆（Akran Khuzam）就职前为卡塔尔半岛电台莫斯科分社社长，旗下的500多名员工主要来自阿拉伯国家，包括阿尔及利亚、埃及、约旦、伊拉克、也门、黎巴嫩、毛里塔尼亚、摩洛哥、巴勒斯坦、叙利亚、苏丹、突尼斯、阿曼等国家。在RT阿语频道官方网站上公布的工作团队包含了27名主编和主播，其中16名是阿拉伯人，10名是俄罗斯人，1名为美国人，其新闻团队的阿拉伯本土化率高达近6成。（见图9）

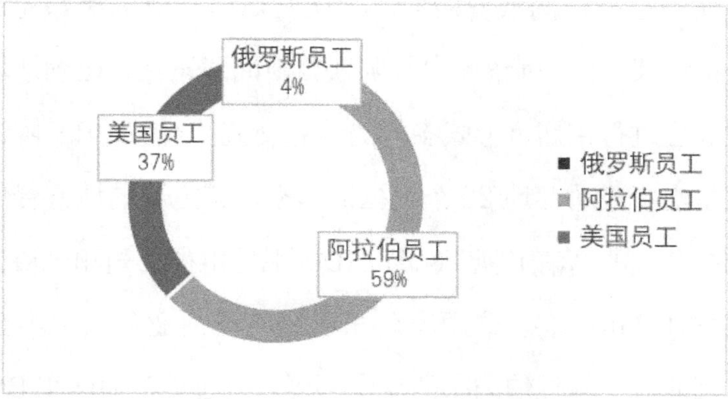

图 9　RT 阿语频道制作团队人员构成（按国籍）①

除超高的员工本土化比例外，RT 阿语频道还十分善于利用名人效应。不少 RT 阿语频道的主播之前都是就职于阿拉伯国家电视台的主播或新闻记者，在入职 RT 阿语频道之前便在阿拉伯国家拥有了一定的知名度。例如，RT 阿语频道政治访谈类节目《最佳言说》的主持人萨拉姆·穆塞菲尔（Salam Musafir）就是伊拉克国内有名的媒体人，他在进入 RT 阿语频道工作之前，曾在伊拉克新闻界工作 30 余年，直到伊拉克媒体界随着政权更迭而大洗牌时才前往莫斯科。正是由于这样的人员配置，RT 阿语频道所制作的节目和生产的新闻才得以十分贴合阿拉伯受众的欣赏口味和阅读习惯，从而快速地占领阿拉伯媒体市场。

除了采编团队的本土化外，RT 阿语频道近年来还不断加强与阿拉伯国家新闻媒体间的合作，以推进运营的本土化。2018 年 2 月，RT 阿语频道与阿联酋新闻通讯社签署合作协议。次月，RT 阿语频道在巴

① 数据来源：今日俄罗斯阿语频道官网 https://www.rt.com/where-to-watch/。

勒斯坦总统阿巴斯访问俄罗斯期间与巴勒斯坦广播电视总局签署合作协议。根据协议，RT 阿语频道与阿联酋新闻通讯社、巴勒斯坦广播电视总局之间会进行密切且形式多样的信息交流。目前，RT 阿语频道已经通过卫星电视成功落地 22 个阿拉伯国家，其主要的地方合作商是来自阿联酋的“我的高清卫视”（MY HD）卫星电视公司和来自巴林的巴林通讯公司（Batelco）。这两家公司已经将电视业务拓展至整个阿拉伯世界，因而各个阿拉伯国家的受众都可以通过 MY HD 和 Batelco 电话系统来收看 RT 电视台的节目。此外，RT 电视台还进入了大部分阿拉伯国家的涉外酒店系统，覆盖 16 个国家的 914 家酒店。[①]（见图 10）通过与本土媒体的合作，RT 阿语频道不仅实现了媒体间的信息和资源共享，节省了运作成本，还进一步打通了其在一些阿拉伯国家和地区的宣传渠道。

RT 电视台的成功离不开其在新媒体领域作出的努力。和其他国际媒体一样，“新媒体融合”都是当今国际媒体技术发展的主要取向，在这一点上 RT 也不例外。新媒体的便捷性与互动性特质被 RT 充分利用来完善新媒体的传播策略，从而使其成为国际上最成功的跨文化传播平台之一。

---

① 范帅帅：《俄罗斯主流外宣媒体对阿拉伯世界传播策略和影响力研究》，博士论文，北京外国语大学，2020。

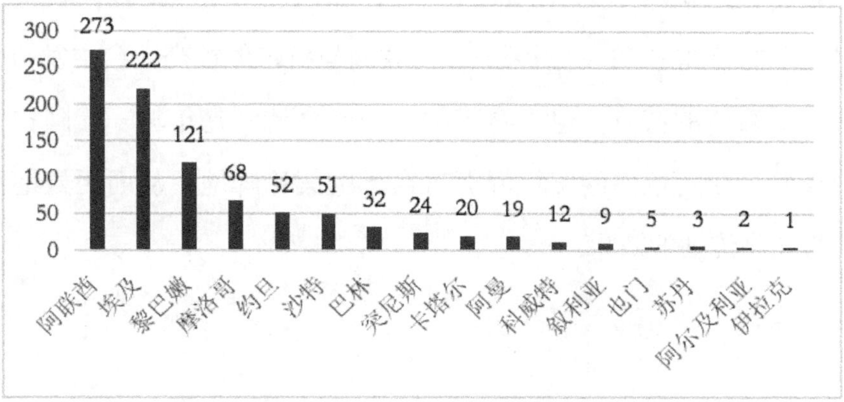

图 10　RT 电视台节目接入阿拉伯国家酒店数量（按国别）①

目前 RT 电视台包括英语和阿拉伯语在内的各语种频道在新媒体平台上都拥有官方网站和账号。RT 电视台的线上运营主要通过两个渠道，一个是其官方网站（www.RT.com），一个是运用各种社交平台如推特（Twitter）、优兔（YouTube）、脸书（Facebook）等创建官方账号。2013 年 6 月 3 日，RT 电视台成为全球第一个在 YouTube 点击率超过 10 亿次的新闻频道，广告收入超过 50 万美元。2014 年，RT 电视台在 YouTube 网站设立公众号，发布适合受众阅看习惯的新闻、电视、纪录片等，赢得了全世界受众的广泛喜爱，成为第一个与 YouTube 网站合作的大众媒体。同时，RT 电视台的内容在 Twitter 的播放量超过 1 亿，其在互联网和新媒体中的点击量超过了西方传统媒体如 CNN 等。

随着新媒体技术和互联网技术在阿拉伯国家的不断发展和普及，新媒体已经成为各大传统媒体在阿拉伯国家进行竞争的主要阵地。RT

① 数据来源：《俄罗斯主流外宣媒体对阿拉伯世界传播策略和影响力研究》论文。

阿语频道运用新媒体宽松的准入原则，经常发布一些话题尖锐又能够吸引受众的新闻。RT 阿语频道在互联网与新媒体社交平台中发布的新闻符合新媒体的特点，也迎合了阿拉伯受众特别是年轻一代阿拉伯受众的喜好，在阿拉伯网络世界拥有自己的舆论阵地，从而更好地提升了其跨文化传播的效果。

第三章

阿拉伯国家主要跨国媒体的新闻议程设置和报道框架

在第二章中，我们从国际传播与公共外交关系的角度探讨了阿拉伯国家的主要跨国媒体是如何通过制定相应的传播战略来实现其与赞助国公共外交政策的互动和互利的。本章，我们希望进一步将镜头拉近，从中观的角度来探讨主要跨国媒体是如何通过设置新闻报道议程和框架，以及使用相应的话语策略来实现其传播目的的。

"议程设置"理论对于理解传播的重要贡献在于：它告诉我们大众传播虽然不能直接决定人们对于某一件事情的看法和意见，却可以通过特定的议程设置来决定人们对于事物重要性的排序，从而影响人们对于事实的意见；而"框架理论"则告诉我们，新闻记者就某一报道采用的报道框架很大程度上决定了受众思考新闻故事的角度和立场。新闻框架的存在使事实真相和背景简单化，就像一幅镜框里的照片，读者所能看得到的内容完全受限并取决于这个镜框所能容纳的画面大小。如果说"议程设置"解决的是媒体"说什么"的问题，那么"框架理论"回答的就是"怎么说"以及"为什么要这么说"的问题。

本章仍然采用案例研究法，以卡塔尔半岛电台、沙特阿拉比亚电台和英国 BBC 阿语频道的新闻节目为例，分析和对比三家媒体新闻报道的议程设置和报道框架情况，使读者能更加直观地感受到阿拉伯国家不同类型的跨国媒体是如何向阿拉伯观众来呈现这个世界的。

第一节 相关理论与研究方法说明

一、新闻议程设置相关理论与研究方法

20 世纪 20 年代，美国著名政治家沃尔特·李普曼（Walter Lippmann）在其著作《公众舆论》中谈到，在大众传播极为发达的现代社会，人们的行为与三种意义上的“现实”发生密切联系：一是实际存在的、不以人的意志为转移的“客观现实”；二是经过传播媒介有选择地加工后呈现的“象征性现实”，即拟态环境；三是存在于人们意识中的“关于外部世界的图像”，即“主观现实”。人们的“主观现实”是在他们对客观现实认识的基础上形成的，而这种认识很大程度上需要经过媒体搭建的“象征性现实”为中介。根据拟态环境理论，我们对现实世界的认识很大程度上包含了我们的想象。在大众传播尚不发达的前现代社会，人们的活动范围十分有限，大部分知识与信息来自自己的直接经验，所以人们对外部世界的认识是直接的。随着人类社会的进步，人们形成关于世界的看法不再来自直接经验，而是来自大众传播媒介所营造的“拟态（虚假）环境”，并从这一“拟态环境”中获取信息，去理解与想象一个“现实”的世界。①

在李普曼的“拟态环境”理论基础上，媒介的议程设置对人们理解世界具有了重要意义。1972 年，美国传播学家马克斯威尔·麦库姆斯（Maxwell McCombs）和唐纳德·肖（Donald Shaw）在《舆论季刊》（*Public Opinion Quarterly*）上发表论文《大众传播的议程设置功能》

① 沃尔特·李普曼：《公众舆论》，阎克文、江红译，上海人民出版社，2006。

（"The Agenda-setting Function of Mass Media"），两位学者对美国总统大选进行调查和研究后，提出了"议程设置"理论。该理论认为：大众传播往往不能决定人们对某一事件或意见的具体看法，但可以通过提供信息和安排相关的议题来有效地左右人们关注哪些事实和意见，以及他们议论的先后顺序。也就是说，大众传播可能无法影响人们怎么想，但却可以通过议程设置去影响人们想什么。媒介通过报道或不报道某个"议题"，影响公众对少数议题的感知；媒介通过突出少数议题引起公众对这些议题的特别重视；媒介按照一定的优先顺序对一系列议题做不同程度的报道，并影响公众对这些意图的重要性作出判断。①

基于这一理解，"议程设置"理论在现实中有很多应用：一是制造新闻，引起关注。议程设置的常规做法是，通过策划让某个问题或事件具有新闻性，以此来吸引公众的注意力，或者通过加强对某个问题的报道频率，来凸显事件的重要性。二是掌握主动，引导舆论。通过主动设置议程，成为新闻的第一定义者，从而掌握一项议题的信息发布和解释的主动权，影响公众对议题的认知。三是加强沟通，形成共识。通过议程设置，可以使公众分散的注意力和兴趣点相对集中到某个议题上，实现社会不同成员之间意见的沟通，进而形成社会主流价值观。

本章第二节通过对阿拉伯国家三家主要跨国媒体新闻播报的议程设置进行研究，试图找出这些媒体是如何根据其新闻价值判断来进行议程设置，从而构建阿拉伯民众认识外部世界的"拟态环境"的，以

---

① 刘利群、张毓强主编《国际传播概论》，中国传媒大学出版社，2011。

及这三家媒体在新闻议程设置上的共同点和不同点，并分析其不同点的主要原因是什么，以此揭示三家主要跨国媒体是如何利用议程设置来实现制造新闻、掌握舆论和加强沟通这三个目的的。

本部分研究主要采用定量研究法，选取了阿拉伯国家收视率最高、最受欢迎的三家媒体——卡塔尔半岛电台、沙特阿拉比亚电台和英国的 BBC 阿语频道为研究对象。选取三家新闻网站从 2019 年 4 月 9 日至 12 日 4 天共 402 条新闻为研究标本，分析新闻报道的数量、频次、覆盖区域与主题分类，了解三家媒体对国际和区域热点事件、主要国家的关注程度和立场倾向，总结和概括阿拉伯主要跨国媒体进行新闻议程设置的价值选取标准和原则。

二、新闻报道框架研究相关理论与研究方法

“框架理论”源自人类学家贝特森（Bateson，1955），“心理框架是一组讯息或具有意义的行动的思想”。1974 年，这个概念被美国社会学家厄文·高夫曼（Erving Goffman）引入文化社会学，后来再被引入大众传播研究中。高夫曼在其《框架分析：一篇关于经验组织的文章》（*Frame Analysis: An Essay on the Organization of Experience*）一书中，探讨了人们建构特定现实所遵循的规则，关注人们如何建构“现实”和“意义”。他认为，对一个人来说，真实的东西就是他（她）对情景的定义，人们通过一定的“框架”对现实生活经验进行归纳、解构与阐释。至于“框架”是如何形成的，高夫曼认为，它是个体过去

生活经验和社会文化意识共同作用和影响的结果。①

美国学者威廉·A. 甘姆森（William A. Gamson）在高夫曼研究的基础上进一步对理论作出解释，他把“框架”的定义分为两类：一类指界定，也就是“取舍”，代表了取材的范围；另一类是“架构”，人们以此来解释、转述或评议外在世界，是人们观察事物所采取的世界观。框架的正面意义在于协助人们思考或整理信息，但另一方面，框架也有其反面作用，即人们常说的“习以为常”，因为熟悉客观世界的某些事物，习以为常地以此为架构，所以有意或无意地忽略了框架界限以外的真相。由此，框架成为人们意识形态或刻板印象的主要来源。②

在新闻传播中，框架同样起着非常重要的作用。对大众传媒来说，“框架理论”意味着在新闻媒介中存在不同的用以观察、描述媒介事件的方法，这依赖新闻记者使用的框架。换句话说，框架的功能就在于为受众提供思考新闻故事的特殊角度。③人们采用的框架的类型为实际描述事件提供了一条途径。新闻框架就是指媒体在报道某个事件时，基于某种特定的看法，通过反复使用特定的关键词、比喻、图片、论调，从某个固定的角度来说明问题，从而形成新闻报道的一定范式。新闻框架的存在使事实真相和背景简单化，就像一幅镜框里的照片，读者所能看得到的内容完全受限并取决于这个镜框所能容纳的画面大小。

---

① Erving Goffman, *Frame Analysis: An Essay on the Organization of Experience*（Cambridge: Harvard University Press, 1986）.

② Gamson.W.A, “News as Framing: Comments on Graber,” *The American Behavioral Scientist* 33, no.2（1989）: 157-166.

③ Ghanem. S. “Filling in the Tapestry: The Second Level of Agenda Setting,” see Maxwell E. McCombs, Donald L. Shaw, David H. Weaver, *Communication and Democracy: Exploring the Intellectual Frontiers Agenda-setting Theory*（London: Routledge, 1997）.

对此，布赖思·麦克奈尔（Brain McNair）指出：从宏观层面上，新闻是社会生活的一种中介力量；而在微观层面上，新闻确实是由作者创作出来的一种叙事，是一种意识形态。它传播的不仅仅是事实，也是对事实的理解和阐释方式，其中自然蕴含着作者的意识形态与价值观。①

国内研究框架理论的权威学者臧国仁将媒介框架分为三个层次，即高层结构、中层结构和低层结构。高层结构就是对某一主题的界定，在新闻报道中主要通过标题、导言体现；中层结构主要由核心报道事件、归因、影响、评估等环节构成；低层结构是指微观层面上报道借助的语言或符号，如字、词、语、句的选择，以及由这些基础语言要素所形成的隐喻等修辞运用。②

由此可见，如果说“议程设置”理论解决的是“说什么”的问题，那么运用“框架理论”的研究则是为了回答“怎么说”以及“为什么要这么说”的问题。本章第三节将以“框架理论”为基础，以新闻文本为研究对象，通过对文本内容、结构层次和功能表意的分析，研究阿拉伯主要跨国媒体是如何通过标题、结构和语言运用三个层面，来构建各个议题的政治语境的，并通过比较分析三个主要跨国媒体在语境构建上的异同，了解不同媒体背后蕴含的新闻价值观，及其报道背后的真实目的和意图。

由于每个议题实际情况的差异，利用三层次理论对其进行分析时的侧重点有所不同：如对“人权”议题分析时，主要侧重语境框架中的中层结构分析，即报道的叙事方式；对“地区革命”这一议题进行分析

①Brain McNair, *An Introducltion to Political Communication*（London: Routledge, 2017）.

② 臧国仁：《新闻媒体与消息来源：媒介框架与真实建构之论述》，泯书局印行，1999。

时，主要侧重语境框架中的底层结构分析，即报道用词的选择。

第二节　阿拉伯国家主要跨国媒体的新闻议程设置

本节选取阿拉伯国家收视率最高、最受欢迎的三家媒体——卡塔尔半岛电台、沙特阿拉比亚电台和英国的 BBC 阿语频道为研究对象，对其 2019 年 4 月 9 日至 12 日 4 天内的政治类新闻进行定量研究和文本分析，共获得目标新闻 402 条，其中阿拉比亚电台新闻数量最多（207 条），其次为卡塔尔半岛电台（110 条），最少的是 BBC 阿语频道（85 条）。

一、卡塔尔半岛电台的新闻议程设置

2019 年 4 月 9 日至 12 日，在卡塔尔半岛电台的官方网站共搜集到 110 条新闻。按新闻覆盖地区进行分类，阿拉伯国家无疑是半岛电台最为关注的地区，其中有 76 条新闻涉及阿拉伯国家事务，占新闻总数的 69.1%；其次为美国，涉及美国事务和美阿关系的新闻占到了新闻总量的 10.0%；再次为土耳其、伊朗和以色列三个中东地区政治大国，分别占比 5.5%、2.7% 和 3.6%。此外，其他国家和地区新闻有 10 条，主要涉及印度（印度大选）、英国（英国脱欧）等国家。（见表 7）

表 7　2019 年 4 月 9—12 日半岛电台和阿拉比亚电台新闻（按地区分类）

		阿拉伯国家	美国	土耳其	以色列	伊朗	其他国家和地区	新闻总数
卡塔尔半岛电台	数量	76	11	6	4	3	10	110
	占比	69.1%	10.0%	5.5%	3.6%	2.7%	9.1%	100%
阿拉比亚电台	数量	143	21	11	7	8	17	207
	占比	69.1%	10.1%	5.3%	3.4%	3.9%	8.2%	100%

数据来源：作者通过日期设置，在卡塔尔半岛电台、沙特阿拉比亚电台网站搜索并自行整理获得。

根据新闻主题来分："阿拉伯国家民众运动和安全局势"（苏丹政变、利比亚战争、阿尔及利亚示威游行、也门局势、叙利亚局势和伊拉克局势）是卡塔尔半岛电台最关注的新闻议题，占到了新闻总数的 51.8%；其次为"美国事务和美阿关系"新闻，占总数的 12.7%；"中东地区其他大国事务"（伊朗、土耳其、以色列）三者新闻数量占到了总量的 13.6%；此外，还有"恐怖袭击"新闻（占 3.6%）、"人权问题"新闻（占 1.8%）、"欧洲事务"（主要为英国脱欧，占 3.6%）和其他主题新闻（占 10.9%）。（见表 8）

表 8　4 月 9—12 日卡塔尔半岛电台和阿拉比亚电台新闻（按议题分类）

话题	卡塔尔半岛电台		阿拉比亚电台	
	新闻数量	比例	新闻数量	比例
苏丹政变	26	23.6%	51	24.6%
利比亚战争	18	16.4%	23	11.1%
阿尔及利亚示威游行	7	6.4%	12	5.8%

续表

话题	卡塔尔半岛电台		阿拉比亚电台	
	新闻数量	比例	新闻数量	比例
美国事务及美阿关系	14	12.7%	16	7.7%
也门局势	0	0	18	8.7%
叙利亚局势	4	3.6%	10	4.8%
伊拉克局势	2	1.8%	4	1.9%
伊美关系（美国将伊朗革命卫队列为恐怖组织）	6	5.5%	13	6.3%
土耳其选举、土美关系	5	4.5%	8	3.9%
以色列选举	4	3.6%	6	2.9%
恐怖袭击	4	3.6%	6	2.9%
人权问题	2	1.8%	10	4.8%
阿美石油债券问题	2	1.8%	5	2.4%
英国事务（英国脱欧、维基百科创始人被捕事件）	4	3.6%	5	2.4%
其他新闻	12	10.9%	20	9.7%
总数	110	99.8%	207	99.9%

数据来源：作者通过日期设置，在 BBC 阿语频道网站搜索并自行整理获得。

二、沙特阿拉比亚电台的新闻议程设置

2019 年 4 月 9 日至 12 日，在阿拉比亚电台的官方网站共搜集到 207 条新闻，是三家国际新闻电台中新闻数量最多的一个。按新闻覆盖的地区进行分类，和卡塔尔半岛电台一样，阿拉伯国家是阿拉比亚电台最为关注的地区，共有相关新闻 143 条，占到了新闻总数量的 69.1%；其次为土耳其、伊朗和以色列三个中东地区政治大国，三者加起来新闻数量占比达到了 12.6%；再次为美国，涉美事务和美阿关系新

闻占到了新闻总量的 10.1%。此外，相比卡塔尔半岛电台，阿拉比亚电台新闻的地区覆盖面更为广泛，涉及中东域外国家和地区的新闻数量占到新闻总数的 8.2%，而卡塔尔半岛电台仅为 1.8%。（见表 7）

根据新闻主题来分："阿拉伯国家民众运动和安全局势"（苏丹政变、利比亚战争、阿尔及利亚示威游行、也门局势、叙利亚局势和伊拉克局势）是阿拉比亚电台最关注的新闻议题，占到了新闻总数的 56.9%；其次为"中东地区其他大国事务"（伊朗、土耳其、以色列）相关新闻占到了新闻总量的 13.1%；"美国事务和美阿关系"新闻占总数的 7.7%；此外，还有"人权问题"新闻（占 4.8%）、"恐怖袭击"（占 2.9%）、"欧洲事务"（主要为英国脱欧，占 2.4%）和其他主题新闻（占 9.7%）。（见表 8）

三、BBC 阿语频道的新闻议程设置

BBC 阿语频道作为阿拉伯世界老牌的西方媒体，其新闻议程设置与两家阿拉伯本土媒体卡塔尔半岛电台和阿拉比亚电台相比表现出了较大不同。首先，从新闻数量上来看，BBC 阿语频道的新闻总量相比前两家减少了许多，2019 年 4 月 9 日至 12 日期间仅有 85 条新闻。按新闻覆盖地区进行分类：关注阿拉伯国家事务的有 34 条，占新闻总数的 40%；其次为英国（占 15.3%）、以色列（占 10.6%）、美国（占 8.2%）和伊朗（占 4.7%），涉及世界其他国家和地区（包括澳大利亚、印度、中国台湾、巴基斯坦、孟加拉国、意大利等）新闻数量占比达到了 21.2%。这与阿拉伯本土媒体主要围绕阿拉伯国家事务和（中东）域内大国事务的新闻议程设置规则有显著区别。（见表 9）

表 9　2019 年 4 月 9—12 日 BBC 阿语频道新闻（按地区分类）

	阿拉伯国家	英国	以色列	美国	伊朗	其他国家	总数
新闻数量	34	13	9	7	4	18	85
占比	40%	15.3%	10.6%	8.2%	4.7%	21.2%	100%

数据来源：作者通过日期设置，在 BBC 阿语频道网站搜索并自行整理获得。

从新闻主题来分："阿拉伯国家民众运动和安全局势"（苏丹政变、利比亚战争、阿尔及利亚示威游行）相关新闻占到了新闻总数的 30.6%；"人权问题"及"穆斯林女性问题"占新闻总数的 27.1%；"美国及其与中东地区大国关系"（美阿、美伊、美以）相关新闻占比 18.9%；英国相关新闻占比 8.2%；其他新闻（政治人文类新闻）占比 15.3%。（见表 10）

表 10　2019 年 4 月 9—12 日 BBC 阿语频道新闻（按议题分类）

议题	新闻数量	比例
苏丹政变	19	22.4%
利比亚战争	3	3.5%
阿尔及利亚示威游行	4	4.7%
人权问题	18	21.2%
穆斯林女性问题	5	5.9%
以色列选举、美以关系	5	5.9%
美国伊朗关系	5	5.9%
美阿关系	6	7.1%
维基解密创始人被逮捕	4	4.7%
英国脱欧	3	3.5%
其他新闻	13	15.2%
总计	85	100%

数据来源：作者通过日期设置，在 BBC 阿语频道网站搜索并自行整理获得。

四、阿拉伯国家主要跨国媒体新闻议程设置的影响因素

诺姆·乔姆斯基（Avram Noam Chomsky）[①]与爱德华·S. 赫尔曼（Edward S. Herman）[②]在《制造共识：大众传媒的政治经济学》[③]中通过对美国媒体议程设置过程进行研究后发现，一则新闻从产生到到达广大听众，至少经历了五大新闻过滤器，分别是：（1）媒体的所有权和利益取向；（2）作为大众传媒主要收入来源的广告；（3）新闻源；（4）新闻批评和新闻批评家；（5）反共理念。这五个过滤器互相作用、互相加强，使媒体精英和政府“达成共识，制造出民主认同的表象，并在普通民众心中制造了混淆、误解和冷漠，以便精英规划得以前行”。尽管这一理论随着媒体技术变革时移世易，不再符合当下潮流，阿拉伯国家媒体环境也与美国存在诸多差异，但仍然对于我们理解阿拉伯媒体的议程设置的影响因素具有启示作用。

例如，在关于媒体所有权和政府关系这一点上，在本书的第一章和第二章中均有相关论述。在阿拉伯国家当前的政治生态环境下，不论一个媒体宣称其是政府媒体还是私有制媒体，都不可能脱离国家严格的媒体审查制度而实现所谓的“新闻自由”；在议程设置时与赞助国政府立场和政治需要保持一致仍是阿拉伯媒体首要考虑的因素。

又如，在关于如何看待“共产主义”这一议题上，尽管随着苏联解体和冷战结束，“反共”作为一种显性意识形态坚持下去已经非常困

---

① 美国著名语言学家、哲学家，著作《生成语法》被认为是20世纪理论语言学最具代表性作品。

② 美国经济学家、媒体学者和社会评论家。

③ 爱德华·赫尔曼、诺姆·乔姆斯基：《制造共识：大众传媒的政治经济学》，绍红松译，北京大学出版社，2011。

难，但类似的思维模式从未消失，取而代之的“全球反恐”“文明冲突”等意识形态的对抗。媒体通过围绕这些话题设置议程，转移民众视线，已达到相应的政治目的。通过对三大阿拉伯跨国媒体新闻议程的对比和研究发现：地缘政治格局、媒体所有制及其赞助者所代表的政治立场和媒体的价值观这三个因素对其新闻议程设置产生了重要影响。

1. 地缘政治格局

地缘政治格局对阿拉伯主要跨国媒体新闻议程设置的影响表现在，媒体机构往往按照一个国家或地区对中东地缘政治的重要性或影响力来分配媒体和公众注意力。阿拉比亚电台、卡塔尔半岛电台作为阿拉伯本土电台，在新闻议程的设置上基本遵循“同心圆”准则，阿拉伯国家处于同心圆的中心位置，随后按照新闻报道对象国对中东地缘政治的影响力依次递减，位于第二环的是美国，再次是以色列、土耳其和伊朗这三个地区政治大国，处于最外围的是其他国家和地区。（见图11）BBC 阿语频道的议程设置也基本遵循了这一准则，不同点在于作为一家英国媒体，BBC 阿语频道对英国事务的报道和关注程度比阿拉伯本土媒体要多得多，这也体现和符合媒体机构服务国家整体战略的需要。（见图 11）

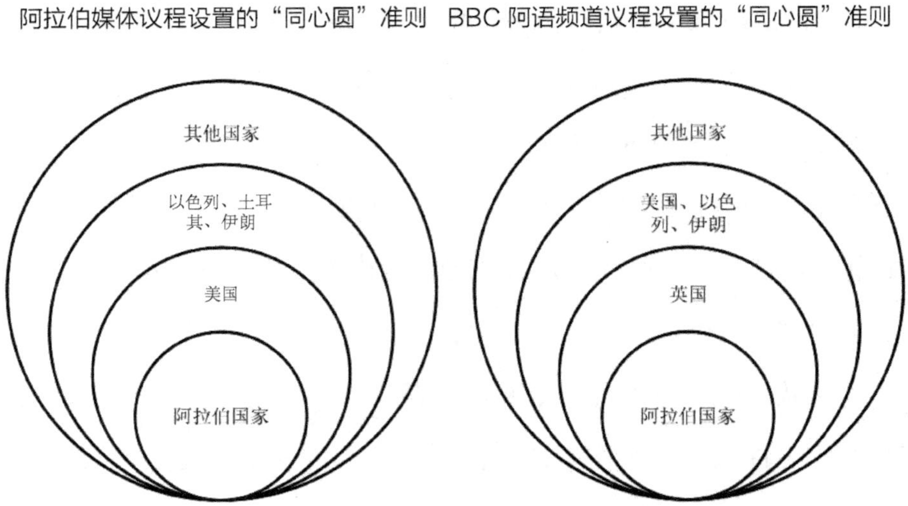

图 11　阿拉伯国家主要跨国媒体议程设置准则[①]

2. 媒体所有制及其赞助者所代表的政治立场

媒体所有制及其赞助者所代表的政治立场对议程设置的影响主要表现在，媒体根据电台赞助国的政治立场和对外交往需要，通过媒体议程的选择来引导公众舆论或转移公众注意力，以达到服务其赞助国国家利益的目的。在这一点上，无论是阿拉伯媒体还是 BBC 所代表的西方媒体，不论其宣称的是私有制媒体还是政府赞助媒体，其议程设置都无一例外地与其赞助国的政治需求与立场保持一致。例如，关于“也门局势”的报道，在阿拉比亚电台的新闻议程设置中占据较大比重，而卡塔尔在也门事件中立场尴尬，为此，卡塔尔半岛电台几乎没有相

① 数据来源：图片根据本节研究内容自行绘制。

关报道；[①] 反之，关于“卡舒吉遇害”的报道，卡塔尔半岛电台为利用这一事件反击沙特政府，对此进行了密度空前的报道，而阿拉比亚电台方面则选择刻意回避，几乎没有对其进行报道。[②]

3. 媒体的价值观

新闻报道与社会价值观有着天然的联系，新闻报道的过程即新闻媒体运用其价值选择、价值判断进行选择的过程。新闻媒体通过议程设置选择报道什么，不报道什么，本身就是其立场、观点和理念的表达。例如，在 BBC 阿语频道的议程设置中，“人权”议程占据了重要地位，体现了以英美为代表的西方国家长期以来向阿拉伯国家输出“民主”“自由”理念的一贯做法；在卡塔尔半岛电台和阿拉比亚电台中，“人权”议程报道的权重就相对较小。此外，从“人权”新闻报道的侧重点来看，两者也是不一样的：BBC 阿语频道主要以“揭露”非西方国家（主要为阿拉伯国家政府）在“言论自由”“非法监禁”方面的负面新闻为主——当然只要西方国家出现在这个议题中，其形象往往都是正面和具有示范性的，如“英国法庭跟踪网络上对儿童实施性骚扰的人”[③]

---

① 也门危机缘起于 2011 年 1 月底，受“阿拉伯之春”时期埃及、突尼斯等国街头运动鼓舞，也门包括首都萨那在内的十余个城镇爆发反政府游行，要求总统萨利赫下台。2015 年 3 月 26 日，沙特携卡塔尔在内的八个阿拉伯国家对也门进行军事干预。至此，也门乱局从内战演变成外部军事干预，成为沙特和伊朗两国地缘政治博弈的筹码。2017 年，沙特、阿联酋等五国对卡塔尔实施断交和封锁，随后卡塔尔也宣布退出海合会对也门危机的调解。

② 2018 年 10 月 2 日，沙特著名时评记者贾迈勒·卡舒吉在沙特驻土耳其的伊斯坦布尔领事馆离奇失踪，引起了国际舆论的强烈关注。10 月 20 日，沙特检察机关对沙特记者卡舒吉失踪案的初步调查结果显示，卡舒吉已经死亡。土耳其方面指控沙特谋杀并肢解了卡舒吉。卡舒吉一案对美沙关系构成了严峻考验，也使沙特的国际形象一落千丈。

③ 克里斯·福克斯：《英国法庭跟踪网络上对儿童实施性骚扰的人》，BBC 阿语频道，2019 年 4 月 9 日，https://www.bbc.com/arabic/science-and-tech-47848026。

等。此外，BBC 阿语频道还尤为关注穆斯林“妇女地位”问题，尤其是女性解放、两性平等话题；阿拉伯本土电台则侧重于对国家“生存权”和“发展权”的关注，如地区动乱、恐怖主义环境下的人道主义危机、巴勒斯坦人民生存权与发展权等，几乎不涉及“妇女解放”和“两性平等”话题。

第三节　阿拉伯国家主要跨国媒体的新闻报道框架

对卡塔尔半岛电台、阿拉比亚电台和 BBC 阿语频道新闻议程设置的研究旨在回答“阿拉伯国家主要跨国媒体引导阿拉伯民众关注什么议题”这一问题，本节对其新闻报道框架的研究旨在回答“阿拉伯国家主要跨国媒体是如何引导民众看待这些议题”这一问题的。在上一节研究基础上，本节将上述三个媒体共同关注的议题——“阿拉伯国家民众运动（以‘苏丹政变’为例）”“美阿关系”“地区安全局势（恐怖主义）”“人权问题”相关新闻作为研究对象，通过对文章标题、图文、文章结构、词语选取与表意特征等的分析，研究三大媒体如何从标题、结构和语言运用三个层面来构建相关议题的政治语境，并通过对同一主题不同政治语境的构建差异比较研究来揭示不同媒体新闻价值取向和传播策略的差异。

一、阿拉伯国家民众运动（以“苏丹政变”为例）

“苏丹政变”始于 2018 年年末。由于经济形势恶化、生活压力剧增，导致苏丹国内爆发大规模民众抗议运动，经过将近 4 个月的动荡后，总统奥马尔·巴希尔（Omar Al-Bashir）于 2019 年 4 月 11 日被军方废黜。本部分选取卡塔尔半岛电台和 BBC 阿语频道两家电台在 4 月 9 日至 12 日期间关于“苏丹政变”的共 36 条新闻作为文本研究对象，通过对比研究发现，两家电台关于这一议题政治语境的构建存在以下异同。

1. 基本立场

两家媒体的共同点在于：对“苏丹政变”所持的基本立场一致，包括对政变的起因、过程叙述、立场把握和性质判断呈现出高度相似性。在描述“苏丹政变”产生的原因时，媒体使用最多的词汇为“الطغيان”（暴政）、“الاستبداد”（专制）、“أزمة إقتصادية”（经济危机）、“الفساد”（腐败），表明不管是阿拉伯本土跨国媒体还是以 BBC 为代表的西方媒体均认为总统巴希尔的专政、暴虐及其统治期间产生的政权腐败、人民生活极度贫困、粮食价格大幅度上涨、社会资金流动性缺乏是导致此次大规模人民运动的直接原因。

在对抗议活动过程进行叙述时，使用最多的词汇为“الإعتصام”（静坐）、“الإحتجاج”（抗议）和“المظاهرة”（示威游行），此外还少量使用了“التجمع السلمي”（和平集会）这一词；在描述总统对待抗议民众时，大量使用了“طرد”（驱赶）、“اعتقل”（逮捕）、“ضرب بالعصى”（用棍棒击打）、“إختفاء”（清除）等具有强烈贬义色彩的词汇；在描述军方与民众冲突时，使用了“فضّ”（驱散人群）、“تفريق”（分散人群）等词，有时还使用了“التعاطف”（同情）等褒义色彩的词汇，体现了媒体对总统、民众和军方三者分别持反对、支持和中立的三种立场。

2. 性质界定

在对此次苏丹民众运动的性质进行描述时，卡塔尔半岛电台使用较多的词汇为“الإنتفاض”（人民起义）、“الأزمة السياسية”（政治危机）、“الفوضى”（社会混乱）及“الانتقال السياسي”（政治过渡）等，BBC 阿语频道使用最多的是中性的“أحداث”（事件）一词。

但在脸书和推特等社交媒体上，阿拉伯网友们展现的立场与主流媒体存在明显差异。由于苏丹民众运动爆发的原因、参与主体、行动方式、政治诉求乃至客观结果都与“阿拉伯之春”期间的突尼斯、埃及、利比亚等地的革命存在很大的相似性，因此阿拉伯主流媒体和社交媒体上的许多人们都将其与“阿拉伯之春”进行联系，并将其和同期发生的阿尔及利亚总统布特弗利卡在民众和军方压力下被迫辞职相提并论，将两者作为“阿拉伯之春”革命的自然延续，对其予以了肯定。例如，不少网民使用了“الثورة”（革命）一词来描述“苏丹政变”，也有不少网友称这一事件为“المنعطف الجديد”（新的转折点）。埃及民众不断通过社交媒体声援苏丹人民，并提醒他们“警惕军方复辟革命，重蹈埃及覆辙”。①

和阿拉伯主流媒体一样，尽管 BBC 阿语频道对“苏丹政变”也基本持肯定立场，但其相关报道体现了更为冷静和克制的态度。它认为苏丹事件并没有（至少目前还没有）达到推翻现政权、破坏生产旧关系的程度，也没有导致社会经济、政治和文化发生深刻变化，因此并不足以称之为“革命”。此外，“尽管 2010 年开始的‘阿拉伯之春’传

---

① 卡塔尔半岛电台:《埃及网友在社交网站上支持苏丹革命》，2019 年 4 月 11 日，https://www.aljazeera.net/news/politics/2019/4/11/ المصريون-يدعمون-ثورة-السودان-على。

播了民主革命的希望，但 10 年以来其结果一直让人失望，这次事件的结果如何也有待进一步观察”。[①] 这体现了近年来阿拉伯国家和西方国家对“阿拉伯之春”系列革命性质和影响力重新审视后，对地区政治发展走向的不同认识和判断。

3. 报道理念

在报道理念方面，尽管阿拉伯主流媒体和 BBC 阿语频道一样，都很好地利用了社交媒体作为报道的新闻来源和发布平台，吸纳民众意见和看法，保持互动关系，但前者更注重观点的引用，而后者则更注重故事的发掘。例如，卡塔尔半岛电台几乎每天都会搜集社交媒体上不同群体（政府发言人、时事评论员、各党派和宗教群体的政治活跃人士以及民众）对事件的不同评论，而 BBC 阿语频道则更为侧重通过从社交媒体网络挖掘历史事件中普通大众的悲喜哀乐，来体现其新闻传播理念。例如，《三个苏丹女青年记录改变她们生活的“梦想之月”故事》[②] 这一报道讲述了三位苏丹女青年（21 岁的医学院大学生、22 岁的女导游和另一名街头女画家）如何投身社会运动，寻求个人思想变化和人生意义的心路历程，通过对宏大历史事件中小人物的聚焦，体现个人价值与追求社会自由、政治民主间的深刻联系。

二、美阿关系

阿拉伯国家主要跨国媒体对美阿关系的相关报道是最能反映和显

① BBC 阿语频道：《巴沙尔去世后苏丹准备恢复其身份》，2019 年 4 月 12 日，https://www.bbc.com/arabic/inthepress-47904869。

② BBC 阿语频道：《三个苏丹女青年记录改变她们生活的“梦想之月”故事》，2019 年 4 月 13 日，https://www.bbc.com/arabic/art-and-culture-47901882。

示其政治立场和意识形态的报道主题之一。通过对半岛电台和阿拉比亚电台两家媒体关于“美阿关系”相关报道的研究，清楚地表明了不论阿拉伯国家的私有制电台还是国家赞助电台，与国家（统治家族或执政党）立场保持一致，是阿拉伯媒体的首要和核心利益。

卡塔尔半岛电台关于美阿关系报道的焦点主要集中在了两个国家——沙特和埃及，此外还有少量关于阿联酋和美国关系的报道。沙特和埃及这两个国家的共同点在于：它们都属于亲美的地区政治大国，在地缘政治博弈中与卡塔尔处于竞争或对立关系。由于穆兄会，以及“阿拉伯之春”期间卡塔尔半岛对埃及内政的干涉，埃及与卡塔尔交恶；沙特与卡塔尔长期围绕海合会乃至阿拉伯国家的领导权进行博弈，而且卡塔尔在多个问题上与沙特立场不一致，最终导致了 2017 年沙特伙同埃及、阿联酋等国对卡塔尔实施了外交断交和封锁。因此，卡塔尔半岛电台关于美沙和美埃关系的报道几乎都是负面的。例如，针对这一时期埃及总统塞西访问美国的报道，卡塔尔半岛电台分别以《立法者要求特朗普敦促埃及总统塞西正视人权和改革问题》[①]《特朗普欢迎塞西访问美国引发华盛顿质问》[②]《塞西紧急访问华盛顿的背后：和平计划还是宪法修正案？》[③] 等标题展开报道。

相对应地，阿拉比亚电台关于美阿关系报道的焦点也主要集中在

① 卡塔尔半岛电台：《立法者要求特朗普敦促埃及总统塞西正视人权和改革问题》，2019 年 4 月 9 日，https://www.aljazeera.net/news/politics/2019/4/9/إصلاحات مصر-أميركا-السيسي-الحريات-。

② 卡塔尔半岛电台：《特朗普欢迎塞西访问美国引发华盛顿质问》，2019 年 4 月 11 日，https://www.aljazeera.net/news/politics/2019/4/11/واشنطن مصر-أميركا-ترامب-احتفاء-السيسي-。

③ 卡塔尔半岛电台：《塞西紧急访问华盛顿的背后：和平计划还是宪法修正案？》，2019 年 4 月 8 日，https://www.aljazeera.net/news/politics/2019/4/8/ماذا-وراء-زيارة-السيسي-العاجلة。

埃及、卡塔尔等国家。埃及作为沙特的盟友国，在阿拉比亚电台中大都以正面形象出现，如同样是关于埃及总统塞西访美的新闻，阿拉比亚电台对此的报道（《塞西：我们和美国的关系处于数十年来最好的时期》《特朗普：我们和埃及就反恐问题取得重要进展》等）基本与半岛电台的新闻立场截然相反。

三、地区安全局势（恐怖主义）

为避免对恐怖主义的泛化，本节中关于“恐怖主义”类新闻的定义是指新闻标题中直接出现“恐怖主义”“恐怖分子”“爆炸”“自杀式袭击”“极端分子”“ISIS”“塔利班”这些关键词的新闻。通过数据统计发现：阿拉比亚电台关于恐怖主义的新闻最多，有 13 条；其次为卡塔尔半岛电台，有 6 条；BBC 阿语频道数量最少，仅有 1 条。

通过对以上 20 条新闻的文本分析发现：从恐怖主义新闻的议程设置来看，卡塔尔半岛电台和阿拉比亚电台两个本土媒体的一致性较高，如针对这一时期的西奈半岛恐袭、巴基斯坦爆炸、叙利亚北部爆炸等事件，两个电台均进行了不同程度的跟踪报道；从恐怖主义新闻涉及的报道对象来看，阿富汗、伊朗、巴勒斯坦（主要为法塔赫）等国为涉恐新闻的主要国家，它们在中东地区构建起了一个以 ISIS、塔利班为据点，从土耳其一直延伸至巴基斯坦的恐怖组织活动轴心地带。

在这一轴心地带，各个国家的立场是泾渭分明的。代表沙特国家利益的阿拉比亚电台通过报道含沙射影地指责伊朗、卡塔尔、土耳其为恐怖组织及其活动的资助国。《胜利者银行如何支持革命卫队恐怖主义》[①] 一文援引美国财政部说法，指出胜利者银行通过影子公司和海外代理为伊朗革命卫队提供超过八亿美元的资金援助。《卡塔尔在法国资助恐怖组织》[②] 一文报道了法国议员向议会申请，要求就卡塔尔慈善机构利用投资为掩护，在法国及其他六个欧洲国家资助穆斯林兄弟会和其他极端组织事件进行调查。《ISIS 外交大臣在土耳其的故事以及他与安卡拉的密切关系》[③] 一文中同样引用了“今日家园安全”（Homeland Security Today）[④] 在线媒体对被捕的 ISIS 驻土耳其大使的采访内容。通过这位名叫埃布曼苏尔的“前大使”的口述：他在 ISIS 内的职责为协调 ISIS 与土耳其情报局的关系；他还指出埃尔多安与 ISIS 关系密切，其目的是利用 ISIS 控制从卡萨布到摩苏尔的整个叙利亚北部地区，恢复昔日奥斯曼土耳其帝国的荣耀。

代表卡塔尔国家利益的卡塔尔半岛电台则指责埃及正在成为制造恐怖主义的源头国。《埃及监狱成恐怖主义孵化器》[⑤] 一文通过引用《外交政策》（*Foreign* policy）[⑥] 杂志报道指出：“目前埃及正经历着历史上最黑暗的独裁统治时期，大批的埃及人以莫须有罪名被捕入狱，这些

---

① 阿拉比亚电台：《胜利者银行如何支持革命卫队恐怖主义》，2019 年 3 月 30 日，https://www.alarabiya.net/iran/2019/03/30/ كيف-يموّل-بنك-أنصار-الايراني-ارهاب-الحرس-الثوري؟。

② 阿拉比亚电台：《卡塔尔在法国资助恐怖组织》,2019 年 3 月 30 日，https://www.alarabiya.net/1300GMT/2019/04/18/ نشرة-الرابعة-مطالبات-بكشف-ارهاب-قطر-في-فرنسا。

③ 阿拉比亚电台：《ISIS 外交大臣在土耳其的故事以及他与安卡拉的密切关系》，2019 年 3 月 20 日，https://www.alarabiya.net/arab-and-world/2019/03/20/ قصة-سفير-داعش-في-تركيا-وتفاصيل-علاقته-بأنقرة

④ “今日家园安全”在线媒体隶属美国军事大学。

⑤ 卡塔尔半岛电台：《埃及监狱成恐怖主义孵化器》，2019 年 4 月 10 日，https://www.aljazeera.net/news/politics/2019/4/10/ فورين-بوليسي-السجون-المصرية-باتت。

⑥《外交政策》是一个由亨廷顿及华伦·戴米安·曼舍尔在 1970 年创办的美国刊物，每年发布“全球化指数”和“失败国家指数列表”。

‘犯人’在监狱中遭受虐待、毒打，使监狱成为极端思潮滋生的温室，为 ISIS 和其他极端组织发展会员提供了有利时机。”此外，文章还指出，埃及有着长期的极端主义历史，如现在的基地组织的主要领导人艾美尼扎·瓦西里就是从埃及监狱里走出来的。

这些报道大多从地缘政治博弈视角出发，将恐怖主义与政治高压、政治迫害、宗教极端思想洗脑联系在一起，却极少关注地区民生困苦、社会经济危机、政权腐败丛生、国家治理失败与恐怖主义间的内在关系，也缺乏人文角度的思考与关怀。

此外，从新闻报道的来源还可以发现，大多数恐怖主义类新闻报道都是从西方媒体转载而来，或直接引用西方媒体、西方人权组织、相关机构的言论或数据，缺少体现阿拉伯本土媒体立场和观点的一手新闻。只是出于利己性、实用主义目的就拿来任意使用，这也是造成阿拉伯国家媒体在报道此类新闻时欠缺应有的媒体责任感，缺少多角度、深层次思考的原因所在。如《ISIS 为什么利用孩子在西奈半岛发动自杀式袭击？》[①] 这类报道，文章并未就普遍关心的 ISIS 如何招募、利用、控制儿童和妇女从事恐怖主义活动等问题进行调查或揭露，而仅仅罗列了一些诸如儿童和妇女社会经验少、思想不成熟、针对这一群体的安保措施不严厉等因素，最后得出“ISIS 当前正处于积贫积弱时期”这样一个结论。类似报道反映了阿拉伯本土媒体在揭露事实真相、体现媒体责任担当方面仍任重而道远。

---

① 阿拉比亚电台:《ISIS 为什么利用孩子在西奈半岛发动自杀式袭击？》，2019 年 4 月 10 日，https://www.alarabiya.net/arab-and-world/egypt/2019/04/10/ استخدم-داعش-طفلا-لتنفيذ-هجوم-الشيخ-زويد-في-سيناء؟لماذا-。

四、人权问题

长期以来，人权问题就像是捏在西方媒体手中的一根指挥棒，他们掌握着话语权和主导权，将其作为向发展中国家输出“民主、自由”意识形态的主要工具。本部分以 BBC 阿语频道和卡塔尔半岛电台两家新闻媒体 2019 年 4 月 9 日至 4 月 12 日期间的涉及人权话题相关新闻为对象，从人权新闻的议程设置比重、涉及话题、主要立场和数据来源四个方面对其进行定量分析，随后又以“埃及‘监管’制度”和“沙特逮捕人权活动人士”两个主题相关报道为案例，从微观层面解读两家电台在人权新闻报道方式上的异同。

1. 人权主题类新闻的定量分析

从两家电台人权新闻议程设置比重来看，BBC 阿语频道涉及人权话题相关新闻的数量为 23 篇，占其新闻总数的 27.1%；① 卡塔尔半岛电台涉及人权话题相关新闻的数量为 8 篇，占新闻总数的比例为 7.2%，② 体现了阿语本土电台与西方媒体对人权问题重视度的显著差异。

从人权新闻涉及的话题来看，“违反言论自由”和“随意监禁”类新闻是两家电台的共同关切。在阿拉伯国家政治语境下，这两个问题基本上是联系在一起的，即“随意监禁”和“违反言论自由”的对象一般都是“政治活跃人士”（نشطان قضية）和“反政府意见人士”

① 包括新闻标题中直接出现“人权”字样的新闻以及穆斯林女性相关新闻，穆斯林女性相关新闻主要以探讨妇女解放、妇女权利为主，在伊斯兰文化与西方文化冲突语境下通常被视为典型的人权话题。

② 包括新闻标题中直接出现“人权”字样的新闻以及涉及政治监禁、政治迫害等主题相关新闻。

（معتقل الرأي）。[①] 不同点在于，卡塔尔半岛电台议题的关注点多集中在国家安全（主要是巴勒斯坦人民权利问题）和社会安全（政变、内战、革命造成的对公民人身安全的侵犯以及地区人道主义危机等问题）两个方面，如《法国 Mediapart 新闻网：美国和平计划是无视巴勒斯坦人权利的一场骗局》[②]《联合国儿童组织：的黎波里武装冲突致使 50 万儿童面临危险》[③]《利比亚人权活动家警告的黎波里面临人道主义灾难》[④]等；其次为将人权问题作为一项政治议题来提及，如《塞西访问美国引发国会对其人权问题的指责》[⑤]《立法人士要求特朗普敦促埃及总统塞西正视人权和改革问题》[⑥]等。而 BBC 阿语频道则对“女性解放”（两性平等），特别是穆斯林女性话题给予较多关切，如《一块女性坐姿豪放的广告牌在巴基斯坦引起轩然大波》[⑦]《孟加拉女性因展露美丽而遭受压力》[⑧]等，而半岛电台则基本不涉猎这一类型话题。（见表 11）

---

① 直译为“因意见受到逮捕的人”，一般指因发表不同政见而遭到逮捕的政治活跃人士和人权活跃人士。

② 卡塔尔半岛电台：《法国 Mediapart 新闻网：美国和平计划是无视巴勒斯坦人权利的一场骗局》，2019 年 4 月 11 日，https://www.aljazeera.net/news/politics/2019/4/11/صفقة-القرن-الخداع-كوشنير-اللاجئين。

③ 卡塔尔半岛电台：《联合国儿童组织：的黎波里武装冲突致使 50 万儿童面临危险》，2019 年 4 月 10 日，https://www.aljazeera.net/news/politics/2019/4/10/يونيسف-طرابلس-ليبيا。

④ 卡塔尔半岛电台：《利比亚人权活动家警告的黎波里面临人道主义灾难》，2019 年 4 月 12 日，https://www.aljazeera.net/news/humanrights/2019/4/12/ناشطون-ليبيون-يحذرون-من-كارثة-إنسانية。

⑤ 卡塔尔半岛电台：《塞西访问美国引发国会对其人权问题的指责》，2019 年 4 月 9 日，https://www.aljazeera.net/news/politics/2019/4/9/زيارة-السيسي-واشنطن-انتقادات-حادة。

⑥ 卡塔尔半岛电台：《立法人士要求特朗普敦促埃及总统塞西正视人权和改革问题》，2019 年 4 月 9 日，https://www.aljazeera.net/news/politics/2019/4/9/مصر-أميركا-السيسي-الحريات-إصلاحات。

⑦ BBC 阿语频道：《一块女性坐姿豪放的广告牌在巴基斯坦引起轩然大波》，2019 年 4 月 9 日，https://www.bbc.com/arabic/world-47868274。

⑧ BBC 阿语频道：《孟加拉女性因展露美丽而遭受压力》，2019 年 4 月 9 日，https://www.bbc.com/arabic/world-47857983。

表 11 BBC 阿语频道和卡塔尔半岛电台“人权”类新闻报道议题情况

人权议题	BBC 阿语频道		卡塔尔半岛电台	
	数量	比例	数量	比例
违反言论自由（随意监禁）	12	52.2%	4	50%
女性解放（两性平等）	6	26.1%	—	—
反虐待囚犯	3	13.0%	—	—
人道主义危机	—	—	2	25%
将人权作为一项政治议题	2	8.7%	2	25%
总计	23	100%	8	100%

数据来源：作者通过 BBC 阿语频道、卡塔尔半岛电台新闻网站搜索并整理获得。

从人权新闻立场来看，在 BBC 阿语频道的 23 篇新闻中，仅有 1 篇关于英国本土人权的报道是正面的，即《英国司法机构针对互联网上猥亵儿童者出台相关法律》①，其余均为揭露他国人权问题的负面报道。关于阿拉伯国家的有 3 篇，即《一名英国女性因侮辱前夫妻子在迪拜被拘留》②《半天监禁：政治活跃人士形容埃及监管制度为半自由》③《全球死刑数量迎最大降幅，三个阿拉伯国家仍占据榜首》④。还有关于巴基斯坦、孟加拉的，如《一块女性坐姿豪放的广告牌在巴基斯坦引起轩然大波》《孟加拉女性应展露美丽而遭受压力》等。

从卡塔尔半岛电台来看，涉及卡塔尔的 2 篇人权报道——《多哈：

① BBC 阿语频道：《英国司法机构针对互联网上猥亵儿童者出台相关法律》，2019 年 4 月 9 日，https://www.bbc.com/arabic/science-and-tech-47848026。

② BBC 阿语频道：《一名英国女性因侮辱前夫妻子在迪拜被拘留》，2019 年 4 月 9 日，https://www.bbc.com/arabic/middleeast-47868231。

③ BBC 阿语频道：《半天监禁：政治活跃人士形容埃及监管制度为半自由》，2019 年 4 月 10 日，https://www.bbc.com/arabic/middleeast-47882986。

④ BBC 阿语频道：《全球死刑数量迎最大降幅，三个阿拉伯国家仍占据榜首》，2019 年 4 月 11 日，https://www.bbc.com/arabic/world-47881678。

国际报告规定禁止使用外国雇佣兵和杀手组织》[①]《巴勒斯坦儿童出席在多哈举行的国际宪法联盟会议》[②]均为正面报道，其余涉及沙特、埃及和阿联酋三个国家的报道均为负面报道，如《阿莱·阿卜杜·法塔赫：我处在危险中，埃及安全部门威胁再次逮捕我》[③]《美国外长彭佩尔：美国公民在沙特被强制拘留》[④]《新动向：过去几天已有 14 名沙特人权活动人士被拘留》[⑤]等。在利用人权问题抨击对手、粉饰自我方面，两家电台表现出了惊人的一致性。

从人权报道的数据来源看，BBC 阿语频道相关数据主要来自本台记者口述，仅《全球死刑数量迎最大降幅，三个阿拉伯国家仍占据榜首》一则新闻提到了数据来自国际赦免组织。相对 BBC 阿语频道，卡塔尔半岛电台人权新闻数据来源更丰富，除 50% 来自本台记者口述外，其余 35.7% 人权新闻中的数据来自国际赦免组织、联合国儿童组织、国际和平与安全组织及国际宪法联盟等相关国际组织，这使卡塔尔半岛电台的人权新闻至少看起来比 BBC 阿语频道的更客观、更具有说服力。（见表 12）

---

① 卡塔尔半岛电台:《多哈：国际报告规定禁止使用外国雇佣兵和杀手组织》，2019 年 4 月 10 日，https://www.aljazeera.net/news/humanrights/2019/4/10/ تجريم-المرتزقة-والمقاتلين-الأجانب。

② 卡塔尔半岛电台:《巴勒斯坦儿童出席在多哈举行的国际宪法联盟会议》，2019 年 4 月 11 日，https://www.aljazeera.net/news/politics/2019/4/11/ أحمد-بكر-حنان-أبو-عصبة-الاتحاد。

③ 卡塔尔半岛电台 :《阿莱·阿卜杜·法塔赫：我处在危险中，埃及安全部门威胁再次逮捕我》，2019 年 4 月 9 日，https://www.aljazeera.net/news/politics/2019/4/10/ الأمن-المصري-يهدد-علاء-عبد-الفتاح。

④ 卡塔尔半岛电台:《美国外长彭佩尔：美国公民在沙特被强制拘留》，2019 年 4 月 11 日，https://www.aljazeera.net/news/politics/2019/4/11/ السعودية-معتقلين-أميركيين-بومبيو。

⑤ 卡塔尔半岛电台:《新动向：过去几天已有 14 名沙特人权活动人士被拘留》，2019 年 4 月 11 日，https://www.aljazeera.net/news/humanrights/2019/4/11/ ارتفاع-معتقلي-السعودية。

表 12 BBC 阿语频道和卡塔尔半岛电台“人权”类新闻报道数据来源情况

数据引用来源	BBC 阿语频道	卡塔尔半岛电台
本台记者	85.7%	50%
报道对象国官媒	0	7.1%
第三方外媒	0	7.1%
无政府组织	14.3%	35.8%

数据来源：作者通过 BBC 阿语频道、卡塔尔半岛电台新闻网站搜索并整理获得。

2. 人权主题类新闻的文本分析

案例一：对埃及“监管”制度的相关报道

2019 年 4 月 10 日，埃及知名政治活动家阿莱·阿卜杜·法塔赫（Alaa Abd El-Fattah）刑满释放出狱，并在其推特账户上发表了题为《我在危险中》的推文。随后，针对这一推文，BBC 阿语频道和半岛电台相继发布了相关新闻。

BBC 发布的新闻名为《半天监禁：政治活跃人士形容埃及监管制度为半自由》，全文共 1087 个词，25 个自然段，分为四个主题部分。

文章以场景描述开始：“拉米（非真实姓名）头发凌乱，满脸倦容，表情木然，他在警察局待了一个晚上之后刚出来。”随后，作者引用了拉米的自述来告知读者监禁期间拉米在警察局的遭遇，“在半天时间里，我被没收了手机和所有的电子设备，和外界彻底隔离”，“我不能像正常人一样学习，也根本不可能找到工作，我的生活已经被摧毁了”。

文章使用这一情感预设法，在开篇就在观众脑中植入一个遭受“监禁”制度折磨的青年学生形象，随后才对拉米遭受这种“非人道”对待的原因进行解释——这并不是司法羁押或嫌疑审讯，而是目前埃及针对政治犯的一种新“监管”手段。根据“监管”规定，拉米每天都在警察局从傍晚 6 点待到次日早上 6 点。相比之前的监禁，“也许监管期对我来说比之前在监狱里的日子更难过”。

在结束了开头的引子部分后，文章从第五段开始进入本文主题，即对埃及政治犯“监管”制度的讨论。根据相关数据，近期埃及政府重新开启针对“政治活跃人士”和“反政府人士”的高压态势，并列举了一些埃及知名政治活跃人士和博主的遭遇，如阿莱·阿卜杜·法塔赫、艾哈迈德·麦西尔（Ahmed Maher）等，其中后者是埃及“1·25”革命[①]的主要组织者之一。

文章第二部分以“我并不自由”为小标题，引述了阿莱、艾哈迈德·麦西尔（“4 月 6 日青年运动”[②]组织者之一）和塞米西·穆斯塔法(Samhy Mostafa)（知名媒体节目《第四手术室》的制作者）三位埃及知名政治活动家在社交媒体上的推文，以及在一些场合发表的相关评论，着重描述了他们对于“监管”制度的切身感受。同样，描述的过程中使用了大量感情色彩强烈的表述，如“失去了自由”“即使是最基本的自由权利”“每天将自己送向屈辱”“那就是监管制度”等。

文章第三部分以“惩罚”为小标题，开始引入人权机构对埃及“监管”制度的评价。首先是国际赦免组织埃及事务发言人在接受 BBC 阿

①2011 年 1 月 25 日，埃及民众进行街头示威、游行、集会、罢工等一系列抗议活动向政府表达不满。当日正值埃及法定警察假日，一个名为“4 月 6 日青年运动”的组织选定该日作为示威活动开始的日子。抗议示威活动在开罗和亚历山大最为激烈，在埃及的其他城市也有明显的抗议示威活动。超过一百万人参与了此次抗议，他们要求埃及总统穆巴拉克下台。此次大规模示威成为自 1977 年埃及发生“面包暴动”以来近 30 年内发生的规模最大的民主化的示威运动。

②“4 月 6 日青年运动”（April 6 Youth Movement）是埃及网民 2008 年在脸书成立的群组，目的是要支援大迈哈莱（埃及北部城市）的工人在 4 月 6 日罢工。该组织也领导了 2011 年埃及“1·25”革命。

语频道采访时讲道："埃及的监管制度实际上是另一种形式的随意监禁，主要针对政治活跃人士及和平反政府人士，他们除了说出了自己的观点外，没有做任何犯法的事。"随后是埃及人权战线组织的立场，它的一份名为《在眼皮底下》（"Under Sight"）的报告指出，去年至少有174名政治犯遭到司法羁押，其中有上百人遭受这类"监禁"。最后，文章引用了来自国际记者保护组织的另一份报告，此报告表达了同一观点。

文章第四部分以"与年轻人的和解？"为小标题，引出埃及国内针对"监管"制度的另一种声音。其中列举了两人的观点，一位是开罗政治和法律研究中心主任，另一位则是律师纳赛尔·阿卜杜·哈菲兹（Nasser Abdel Hafez）。前者认为这一"监管"措施是国家意在与"1·25"革命和"4月6日青年运动"中被捕的青年达成和解的表现。后者认为这一"监管"措施行之有效，达到了监禁所没能达到的效果。他认为："政治犯比起其他罪犯来说更为危险，因为他们的影响是持续性的，他们易在人群中制造混乱，从而威胁国家社会的安全和和平。"

尽管文章第四部分看似在就"监管"制度的讨论引入第三方观点，但由于前两部分已就该制度的非人性化和对个人自由权的侵犯进行了足够多的情感铺垫，因此，最后的另类观点非但没能起到对这一制度的正面解释作用，反而进一步衬托了埃及政府对人权的漠视。

文章对代表人物的选取颇具深意。一开始出现的拉米的形象使用了化名处理，刻意模糊了人们对于人物个体性特征的关注，只保留了其"20多岁小伙子"的形象，而这一群体正是埃及"1·25"革命"4月6日青年运动"的主力军，他们年轻、富有激情、关心国家命运、寻求改变，但同时又缺乏斗争经验、处于社会底层、一无所有。其他三位政治活动家：阿莱为“1·25”革命的主要组织者。艾哈迈德·麦西尔为“4 月 6 日青年运动”组织的创始人之一，毕业于开罗大学，曾组织了 2008 年的工人大罢工运动。塞米西·穆斯塔法为新闻观察网站、自由言论和思想运动的创立者，因《第四手术室》这一节目揭露了埃及监狱虐待囚犯的情况，以“煽动社会”罪名被捕入狱。他们代表了寻求社会变革、要求言论自由权利、打破专制统治，却遭到埃及政府镇压的当下埃及知识分子。

文章一共使用了两张配图。第一张为摄影记者马哈姆德·埃布·宰义德（Mahmoud Abu Zeid）手持照相机的照片，图片下方配字说明他于今日刑满释放，但奇怪的是新闻报道中并没有再次出现马哈姆德·埃布·宰义德这一名字。而第二张图片为一个满脸胡楂的中年男子在铁窗内神情落寞的样子，这一图片没有任何文字说明，也不清楚图片中男主人公的身份。两张配图看似都符合文章的主题，但细思经不起推敲，使用随意，缺乏新闻图片的严谨性。

卡塔尔半岛电台以《阿莱·阿卜杜·法塔赫：我处于危险中，埃及安全部门威胁再次逮捕我》[①] 为题报道了相关新闻，全文共 336 个词，仅为 BBC 新闻篇幅的三分之一。

报道第一段开门见山，指出埃及政治活跃人士阿莱·阿卜杜·法塔赫发现国家安全机构正威胁重新对他实施逮捕。第二段对主人公的主要身份及事件进行了简要概述，关键词为“政治活跃人士”“罪名为抗

① 卡塔尔半岛电台：《阿莱·阿卜杜·法塔赫：我处在危险中，埃及安全部门威胁再次逮捕我》，2019 年 4 月 9 日，https://www.aljazeera.net/news/politics/2019/4/10/الأمن-المصري-يهدد-علاء-عبد-الفتاح。

议对平民实施政治审判”“判处监禁五年”“遭受监管制度”。从第三段到第四段，新闻截取了阿莱·阿卜杜·法塔赫在社交媒体上发布的推特原文，通过作者自述说明他目前的处境：“我试图通过支付电子手铐费用，用家中软禁或摄像头监管的方式代替每天去警局报道，但随后我意识到问题的本质不在于采用哪种监管方式，而是罪名没有改变。昨天国家安全局官员来到我家，直截了当地威胁我说将要再次逮捕我，因为‘我没有作出改变’。”

在文章最后两段，新闻引用了埃及的另一名人权活动家，同时也是阿莱的兄弟敏尼·萨义夫（Minni Saif）的话指出：不光阿莱本人，他们全家都遭受到了警告，让他们不许就“监管”情况透露半个字。

相比于 BBC 阿语频道新闻，半岛这则新闻不论从叙述方式、语体风格以及词汇使用上都更接近于直叙式的纪实新闻。文章通过大量直接引用，借助当事人之口来说出新闻本身的主要观点和立场，使自身避免陷入过多的情感投射和观点评析中，使新闻看起来更为中立和客观。但新闻中使用了两张颇具玩味的图片：一张为阿莱·阿卜杜·法塔赫手握拳头，作出胜利的姿态；另一张使用了他社交媒体头像的照片，背景颜色为象征着革命的大红色，中间是一个人脸的轮廓，乍一看使人快速联想到古巴社会主义革命的领袖卡斯特罗的形象。这在一定程度上折射出政治活跃人士、人权人士在阿拉伯政治语境中的一贯刻板印象，即他们是“激进的”（洪流式的、煽动式的）、“草根的”（一般与青年群体相联系，区别于宗教革命势力）。

案例二：沙特逮捕人权活动人士的相关报道

BBC 阿语频道的报道以《在沙特被判处 15 年监禁的瓦利德·埃

布·海拉到底是谁？》[①]为题，全文共440个单词，分为13个自然段。新闻第一段从沙特人权组织要求释放人权活动家、律师瓦利德·埃布·海拉（Walid Abu al-Khair）开始引出主题，随后就瓦利德·埃布·海拉的生平、主要人权活动经历、被捕理由展开报道。

根据文章叙述：瓦利德·埃布·海拉是沙特的人权活跃分子，于2008年成立沙特人权观察组织，但遭到沙特政府反对并禁用了该组织网站。随即，瓦利德·埃布·海拉通过社交媒体脸书圈粉，并很快拥有了上千名粉丝。2014年，沙特政府以"从事恐怖活动"为罪名，判处其15年监禁。根据沙特人权组织的叙述，沙特政府针对瓦利德·埃布·海拉的罪名还包括"企图颠覆立法委员会""损害国家公共制度体系""腐蚀公众思想，颠覆和藐视国家司法权力机构""对抗国际人权机构和发表不实报告损害国家形象""建立未经批准组织"以及"信息犯罪"六项罪名。

最后一段，文章提到了瓦利德·埃布·海拉曾因为在人权领域的杰出成绩而获得了诸多人权奖项，如2016年的"加拿大高等立法机构人权事务奖"、2015年的"卢多维克国际人权奖"、2012年的"奥洛夫·帕尔梅人权奖"，三项均为西方人权奖项。

卡塔尔半岛电台以《新动向：过去几天已有14名沙特人权活动人士被拘留》[②]为标题，就类似主题进行了报道，全文共255个单词，9

① BBC阿语频道:《在沙特被判处15年监禁的瓦利德·埃布·海拉到底是谁？》，2019年4月15日，https://www.bbc.com/arabic/middleeast-47937131。

② 卡塔尔半岛电台:《新动向：过去几天已有14名沙特人权活动人士被拘留》，2019年4月11日，https://www.aljazeera.net/news/humanrights/2019/4/11/ارتفاع-معتقلي-السعودية。

个自然段。新闻第一段指出，根据路透社相关消息来源，近日在沙特遭受逮捕的人权活动人士数量上升至 14 人，其中包含 2 名女性。在叙述事件的同时，文章还指出，尽管由于“卡舒吉事件”，最近一段时间的沙特遭受了来自国际社会的诸多批判，但并没有因此而停止对人权人士的批捕。

随后，文章进一步指出：在被捕的人中有一些并非人权活动家，而仅仅是表达了对妇女和改革事务的支持，其中包括 2 名沙特和美国双重国籍人士，一个是名为萨拉赫·哈代尔（Salah Al-Haider）的女记者，一个是名为巴德尔·易卜拉欣（Bader Ibrahim）的医生（她因为编写了一本关于什叶派的书而遭到逮捕）。由于这 2 名人权人士拥有双重国籍，从而引起了美国和沙特之间的摩擦。在新闻的最后一段，报道指出：近2年来，沙特逮捕的人权活动家、知识分子和学者人数达到了数十人，目的是“让这些反对分子对沙特王储苏莱曼噤声，以免影响王储和西方之间的关系”。

对比两则报道可以发现，两家电台的侧重点存在显著区别：BBC 阿语频道的新闻就“瓦利德事件”报道的重点在于希望引发外界对沙特人权问题的关注，而卡塔尔半岛电台则侧重于以“瓦利德事件”折射美沙政治矛盾和沙特内部政权矛盾。

本节通过对卡塔尔半岛电台、阿拉比亚电台和 BBC 阿语频道三家媒体围绕阿拉伯国家民众运动、美阿关系、恐怖主义、人权问题四个主题的相关新闻报道的叙事框架进行研究，可发现西方媒体与阿拉伯本土媒体在报道理念和文本建构方面存在着显著差异：在对地区政治热点话题的报道方面，本土媒体更为关注和倾向于通过意见领袖（包括政府发言人、知名时事评论员、各党派和宗教群体的活跃人士）来引导社会舆论。它们关注国家利益、关注地缘博弈、关注西方霸权，却很少深究或刻意回避民生疾苦、政权腐败、国家治理困境等内部因素的影响，也缺乏人文角度的思考与关怀。从这一点上来说，新媒体时代的到来并没有从根本上改变阿拉伯国家的媒体生态环境，也印证了媒体变革无法超越政治变革这一观点。相比本土媒体，西方媒体报道虽然更为注重挖掘历史事件中普通大众的悲喜哀乐，也就是通过“人情味的新闻”来感染并潜移默化地影响观众，但其选材角度和模式化的叙事框架强烈体现了西方媒体一贯的自我优越感和道德审判者的自我角色定位，其非理性和过于情绪化的批判很多时候中和了其一贯标榜的中立化和理性化，这种程式化的报道方式也越来越难以引起观众真正的共鸣。

第四章

阿拉伯国家主要跨国媒体的话语策略分析
——以卡塔尔半岛电台为例

在跨边界的国际传播中，新闻话语体现为一种意义建构和权力关系博弈的工具。话语不仅反映和描述了社会实体与社会的关系，还构成了社会实体与社会的关系。梵·迪克（Van Dijk）将对新闻话语的分析分为“文本”和“语境”两个视角：前者是指从语言、语法、主题、新闻图示、风格结构等对新闻语言进行描述（这一部分在第三章的第三节已经进行了着重分析）；后者则需要将这些描述放到具体语境中去，与对象者的认知过程、再现、社会文化等因素联系起来考察，其中，修辞分析是新闻话语语境分析中最重要的部分。①

修辞是表达者（说写者）为了达到特定的交际目标而应合题旨情境，对语言进行调配，以期收到尽可能好的表达效果的一种有意识的、积极的语言活动。语境是指使用语言的具体环境。I. A. 理查兹（I. A. Richards）和 C. K. 奥格登（C. K. Ogden）在其著作《意义之意义》②中提出了“情景语境”和“文化语境”的概念。随后，语用学将语境研究的内容拓宽至三个部分：上下文语境、情景语境和民族文化传统语境。

在传播领域，对语境和修辞的关注之所以重要是因为它们关系到受众对于传播内容的理解方式和理解程度。表达者只有充分适应语境，才能实现“题旨”的表达，而接受者也只有依据语境，才能实现对“题

---

① 托伊恩·A. 梵迪克：《作为话语的新闻》，曾庆香译，华夏出版社，2003，第 27 页。

②C.K. 奥格登、I.A. 理查兹：《意义之意义》，白人立、国庆祝译，北京师范大学出版社，2003。

旨”的理解。因此，对传播中的交际双方来说，对语境的分析都是首要的。

受到阿拉伯国家长期的政治氛围、历史文化传统以及阿拉伯语语言修辞特点的共同影响，阿拉伯媒体政治语境形成了一个显著的特点——“模糊性”。阿拉伯统治者们常常使用模棱两可的词汇和表述，使用大量内隐、含蓄、有歧义的修辞策略，使之服务于特定的话语模式。从阿拉伯国家行为者的角度来看，插入一定程度的模糊性是一项必要措施，旨在缓解不受欢迎的国家政策和政治观点与失望的阿拉伯公众的激进信仰之间的紧张关系。① 为此，了解阿拉伯国家的政治语境，并在这种特定的政治语境中分析阿拉伯媒体的语言使用策略就变得十分必要了。

本章以研究阿拉伯传统媒体的政治语境为起点，通过分析卡塔尔半岛电台政治访谈类节目——《反方向》的语言修辞特点，了解其主持人费萨尔·卡西姆（Faisal Al-Qasim）所谓的“反方向”“反建制”的激进言论的实质以及其如何服务于赞助国卡塔尔的实用主义外交策略。

第一节　阿拉伯传统媒体与卡塔尔半岛电台政治语境之比较

卡塔尔半岛电台自诞生以来就被看作阿拉伯国家媒体中的一个另

① Mahmoud Raouf Al-Sadi, “ Al-Jazeera Intifada on the Air, ” University of Memphis, Memphis（USA）, 2011,p.17.

类，围绕它的研究和争议众多，以至于有人将其称作“半岛现象”。部分学者认为卡塔尔半岛电台反政府的言论代表了阿拉伯世界的一股激进主义力量，他们声称卡塔尔半岛电台的言论迎合了阿拉伯公众的激进主义及其反西方、反以色列和反阿拉伯建制的态度（Al-Shammary，1999[①]；Alterman，2002[②]；Friedman，2001[③]）；另一些学者则恰恰相反，他们认为卡塔尔半岛电台的“反建制”言论反而起到了缓和地区激进主义言论的效果。例如，穆罕默德·纳瓦维（Mohammed Al-Nawawy，2003）和阿黛尔·伊斯肯代（Adel Iskandar，2003）[④]就认为：卡塔尔半岛电台敢于让记者在一个以言论自由为特征的环境中发现和报道新闻，它的激烈言辞表达了公众的抗议，引起了阿拉伯国家政府的愤怒和恐惧，这使它作为一个安全阀起到了遏制阿拉伯公众愤怒，并给予他们一个替代暴力表达方式的公共场所。[⑤]这两种观点代表了在阿拉伯传统媒体语境下学者对理解卡塔尔半岛电台政治语境的两种不同角度，它们都显示出了一定的合理性，本节将对此做具体分析。

① Al-Shammary.S, *The Opposite Direction' Program: A Scientific Study* (Doha: Dar ul-Sharq, 1998).

② Alterman, J.B, "Counting Nodes and Counting Noses: Understanding New Media in the Middle East," *The Middle East Journal* 54, no. 3 (2000): 355-361.

③ Freedman, R. O, *The Middle East and the Peace Process: The Impact of the Oslo Accords* (Gainsville, FL: University Press of Florida, 1998).

④ Mohammed el-Nawawy, Adel Iskandar, "Al-Jazeera: How the Free Arab News Network Scooped the World and Changed the Middle East," *Political Science Quarterly* 118, no.2, (2003): 316-318.

⑤ Al-Nawawy.M, Iskandar.A, *Al-Jazeera: The Story of the Network That Is Rattling Governments and Redefining Mordern Journalism* (Cambridge: MA), p.200.

一、阿拉伯国家传统媒体的政治语境——模糊性

阿拉伯国家政府与其人民之间的深刻分歧形成并支撑了政府的大众传媒理念和政策：即以任何代价促进东道国政府的利益，遏制公众的异议并维持政治秩序，这导致了阿拉伯大众媒体政治语境的特点——模糊性。以“阿拉伯民族主义”这一在阿拉伯民众和阿拉伯政权间具有明显立场分歧的政治问题为例，1945 年阿拉伯联盟成立之际颁布的《阿拉伯联盟宪章》(以下简称《宪章》)[①]，生动地体现了阿拉伯政权如何利用这种“模糊性”引发的歧义，空洞而又微妙地回应了阿拉伯民众的“阿拉伯民族主义”情结。该《宪章》第二条中阐述道：

> 联盟的宗旨在于加强各成员国之间的联系，协调各成员国间的政策，以实现它们之间的合作，维护它们的独立和主权，对阿拉伯各国事务和利益给予普遍关注。联盟还旨在密切各成员国之间的合作，在适当考虑每个国家组织方式和具体国情的情况下，就下列事项进行密切合作……

阿拉伯联盟建立本身就是阿拉伯政权回应人民对“阿拉伯民族大一统”信仰和态度的证明，然而，正如巴内特（Barnett，1998）所说，联盟的《宪章》却反映了“对主权国家的维护和‘阿拉伯民族主义’的失败”。[②] 他列举了《宪章》中“阿拉伯共同体”“阿拉伯人民”或“阿

---

① *Charter of Arab League*（《阿拉伯联盟宪章》），又称《宪章》是阿盟的创始条约，于 1945 年缔结。

② Barnett.M, *Dialogues in Arab Politics:Negotiations in Regional Order*（New York:Columbia University Press,1998）, p.80.

拉伯国家”等术语是如何被隐去的，取而代之的是通过强调成员国的独立和主权，来使“主权国家”这一概念进一步合理化，并通过一系列委婉的说法，如密切合作、阿拉伯团结、立场统一、队伍统一和阿拉伯联合行动等表述来摒弃“阿拉伯统一”的说法。由此可知，官方和公众对“阿拉伯统一”的分歧明显且不言而喻，正如 1998 年约旦侯赛因国王的公开演讲表示：“我相信阿拉伯世界永远不会是一个统一的国家……我们在阿拉伯世界的每一个部分都发展了自己的身份，未来统一必须是建立在主权平等之上的统一。”①

通过上述例子可知，这种模糊性的必要意义在于：从阿拉伯国家行为体角度来看，政治语境的模糊性已成为一种必要措施，目的是减少不受欢迎的国家政策和政治观点与阿拉伯公众激进的信仰之间的紧张关系。如国家行为体对“共同命运、共同社群、共同目标”之类表述的过度使用，这些表述从字面上看似乎是在不断强调公众的“泛阿拉伯主义”情感，但实际上只是不团结的委婉说法而已。同样，阿拉伯反当权者在他们的话语中注入一定程度的模糊性，可以使他们避免被专制阿拉伯政权起诉甚至迫害。②

阿拉伯政治话语的模糊性并非来自阿拉伯语交际者本身的修辞缺陷，恰恰相反，这是一种修辞策略，一种为了达到某种特定目的而约定俗成的话语模式，无论参与对话的人是国家行为体，还是非国家行为体。

① 侯赛因国王 1998 年讲话稿全文，参见网址：http://www.kinghussein.gov.jo。

② Hussein Abdul-Raof, *Arabic Rhetoric: A Pragmatic Analysis* (London: Routledge, 2011), p.234.

二、卡塔尔半岛电台的政治语境——“反建制”性

将卡塔尔半岛电台和它的游牧观众融合到一起的，是一贯充斥在各类节目中的“反建制”言论。所谓“反建制”，指的是电台所表达的观点和信仰，是站在其赞助者卡塔尔政权（以及整个阿拉伯政权）的对立面的。

该电台的“反建制”言论将卡塔尔半岛视台与其他所有的阿拉伯电视台区分开来，从而吸引被阿拉伯大众媒体长期系统性边缘化的阿拉伯观众。和其他媒体评论员和研究者的观点一样，扎亚尼（Zayani，2006）认为：“卡塔尔半岛电台的流行源于它成功地使自己与人民保持一致，或者准确地说，是与阿拉伯社会很大一部分被剥夺了权利的人民保持一致。”[①] 正如主持人卡西姆在《反方向》节目中呼吁的那样：“阿拉伯统一不再是一个梦，它是一个必要的存在。”（《反方向》，2012年8月10日）卡西姆绝不是唯一一个与观众团结一致、旗帜鲜明地反对阿拉伯国家政权做法的主持人。流行脱口秀的主持人艾哈迈德·曼苏尔（Ahmed Mansour）（伊斯兰主义者）在半岛电台2013年6月8日的《无边界》节目中说道：“至于阿拉伯政权，他们在遵守和执行西方计划，在威胁、驱逐和剥夺其人民权利方面确实超过了其他政权……”同样，亲英自由主义者萨米·哈达德（Sami Haddad）在卡塔尔半岛电台2013年2月2日的《不止一个观点》节目的开场白中也表达了相同的观点。

当理解了阿拉伯政权和阿拉伯人民间如何长期处于一种对立和紧

①Zayani.M, “Arab Public Opinion in the Age of Satellite Television: The Case of Al-Jazeera,” in *Muslims and the News Media*, eds. Elizabeth Poole（New York: I.B.Tauris, 2006）, p.178.

张关系，以及这种紧张关系如何塑造了政权和人民对媒体的态度后，我们便能清楚卡塔尔半岛电台成功的关键。对于那些已建立统治政权的当权派来说，大众传媒是其制约和控制社会群体的工具；对于那些寻求解放和自由，被压抑、边缘化的阿拉伯群众来说，阿拉伯大众传媒是一个不值得信赖的代言人。阿拉伯观众被迫进入一种虚拟游牧状态，寻求真相以及能为其辩护的人。在这一过程中，他们便经常驻足在BBC广播电台、蒙特卡洛和VOA等西方广播电台上。对于阿拉伯听众来说，这些媒体的政治和民族属性并不重要，重要的是它是否满足了游牧受众对媒体的需求和期望。从这一点上来看，卡塔尔半岛电台凭借其“反建制”言论特色在阿拉伯国家获得巨大成功并非意料之外，问题的关键在于其“反建制”言论是否真的代表了其反政府的政治立场，这需要我们回到其语言本身寻找答案。

第二节 对卡塔尔半岛电台“反建制”言论的解构

美国是以色列，不是吗？以色列是美国，不是吗？它俩的立场不是一样的吗？因此，美国才是我们的主要敌人，不是吗？但我们看到的事实却是大多数阿拉伯政权都把自己绑在敌人的大腿上……

——《反方向》节目，2011年6月12日

这些修辞不是由反西方激进的伊斯兰主义者提出的，也不是热衷

于阿拉伯民族主义（如叙利亚或伊拉克的复兴党）的演说家提出的，它来自费萨尔·卡西姆在其主持的政治辩论类节目《反方向》中的开场白。诸如此类情绪饱满、立场分明的言论是半岛电台各类政治访谈类节目的一贯风格，也是其吸引阿拉伯观众的重要因素。问题就在于，正如第二章中分析的那样，卡塔尔半岛电台的建立并没有脱离阿拉伯国家大众媒体与统治政权政治联姻的传统范式，其主要目的仍是实现赞助国卡塔尔的战略意图和国家利益，那么我们应该如何来理解卡塔尔半岛电台激进的“反建制”言论和立场呢？以及这种言论是否真的代表了反政府的不同观点，还是相反？

本节试图从文本分析和修辞学的角度来对此加以研究，以回答以下一系列问题：卡塔尔半岛电台“反建制”话语的隐性前提是什么？与这些隐性前提相关的推理或解释框架是什么？这些推理和解释框架在多大程度上与大多数阿拉伯人的激进信仰相融合，或相背离？或者相反，这种推理解释框架在多大程度上与卡塔尔埃米尔的政治观点和战略利益相融合或背离？半岛的“反建制”言论究竟暗示了什么？它们真的代表了一种实质性的、自由的言论吗？它们真的接受并支持嘉宾们的激进主义观点吗？如果不是，那他们这么做的隐藏动机是什么？以及卡塔尔政权如何从半岛电台节目及其主持人的“反建制”话语中获益？

一、研究方法

本节研究采用文本分析法，从修辞学的角度对费萨尔·卡西姆主持的卡塔尔半岛电台最受欢迎的政治访谈节目《反方向》的节目内容进行文本分析，并得出相应结论。

根据研究问题需要，访谈节目选择的主题需符合以下两点：一是阿拉伯公众普遍关切的议题；二是卡塔尔半岛电台所持立场是与其赞助国卡塔尔和其他阿拉伯国家的官方立场相反。根据这两个标准，本文选取了“巴勒斯坦问题”这一近代阿拉伯国家核心议题为案例。不论这一问题对于阿拉伯各国政府来说是否如他们描述的那么重要，但至少在外界看来“巴勒斯坦问题”是中东问题的核心。

二、“巴勒斯坦问题”的公众语境和官方语境

为了证明在“巴勒斯坦问题”上，阿拉伯公众的语境是如何与阿拉伯各国的官方立场相左这一点，我们需要首先了解双方对于这一问题的基本立场。在此，我们借助一种被称为“阿拉伯人的书记官”（ديوان العرب）的诗歌反映的相关观点来佐证阿拉伯公众在这一问题上的立场。这是因为在阿拉伯国家，由于一系列的政治和法律风险，征求公众意见要不就是危险的，要不就是听不到实话，或者是不可靠的，因此，在辨别阿拉伯公众对“巴勒斯坦问题”语境方面，没有任何其他资料比现代阿拉伯诗歌（特别是爱国主题诗歌）的记录更有价值。

护照

他们没有认出阴影中的我，

护照隐去了我的颜色，

对他们来说，我的伤口就是一件展品，

为一个喜欢收集照片的旅行者而备。

啊……他们没有认出我，
不要让我的掌纹没有太阳，
因为树木认得我，
不要让我像月亮一样苍白！

所有的鸟儿都跟随我的手掌，
飞到了遥远机场的大门。
所有的麦田，
所有的监狱，
所有白色的墓石和所有带刺的边界，
所有挥舞的手帕，
所有的眼睛，
都与我同在，
但他们将它从我的护照上剔除。

谁剥夺了我的名字和身份？
用自己的双手以泥土滋养自己？
而今约伯在大声呼喊，
声音响彻天际：
不要又拿我当前车之鉴！
噢，先生们，先知们，
不要问树木它们的名字，
不要问山谷谁是它的母亲。

我的额头散出光芒，

我的手中涌出河水，

所有人的心就是我的身份，

所以，将我的护照拿去吧！

父亲啊，我是优素福[①]

父亲！我是优素福。

父亲啊！我的兄弟们不爱我，

不愿我在他们中间。

父亲啊，他们殴打我，

向我投石头并辱骂我。

他们盼我死去好虚伪地颂悼我。

他们关上你的屋门，把我丢弃在外面。

他们从田野驱赶我，

他们给我的葡萄下毒，

他们砸毁我的玩具，父亲啊！

当轻风拂过与我的头发嬉戏，他们嫉妒，

对我和你怒火中烧。

我对他们做了什么？父亲啊！

① 优素福的故事出自《古兰经》卷十二第十二章《优素福》，亦可参考《旧约》中约瑟的故事。优素福的曾祖父易卜拉欣（亚伯拉罕）、父亲叶尔孤白（雅各），皆为先知。优素福是父亲的第 11 个孩子，另有 10 个同父异母的兄长。据《古兰经》载，优素福受安拉恩赐会圆梦，幼年时曾梦见 11 颗星星和太阳、月亮向自己鞠躬。由于其生性聪慧，深受父亲喜爱，其他兄弟出于嫉妒合谋将其变卖。此处隐喻其他阿拉伯国家为了自身利益在巴勒斯坦问题上出卖队友。

蝴蝶靠在我肩头，麦穗俯身听我，
鸟儿息在我手掌。
我做错了什么，父亲啊?
为何是我?
是你为我起名优素福!
他们将我推到井中并归罪于狼，
狼比我的兄弟们要仁慈。
父亲啊!我冒犯了谁?
当我说:“我看见十一颗星星、太阳和月亮，
我梦见他们在向我鞠躬。”

上述两首诗歌来自当代巴勒斯坦诗坛最杰出的诗人之一——马哈茂德·达尔维什（Mahmoud Darwish）[①]，他一生为巴勒斯坦的独立与和平而奋斗。他的诗歌体现了阿拉伯人对巴勒斯坦领土问题最本真的情感和立场。

第一首诗《护照》体现了和多数阿拉伯官方媒体不同的叙事语境。诗人将巴勒斯坦领土问题置于民族存亡、历史延续、身份认同的需求表达之上，体现了一种“美洲原住民”般的土地情结。第二首诗《父

① 马哈茂德·达尔维什（Mahmoud Darwish，1941—2008 年），巴勒斯坦抵抗诗歌的代表人物。自 1960 年出版第一部诗集《无翼鸟》以来，达尔维什共出版了 30 余部诗集和散文集，获得过苏联列宁和平奖、亚非作家联盟莲花奖、法国艺术及文学勋章、荷兰克劳斯亲王奖、马其顿诗歌金桂冠奖等 10 多项国际大奖。其作品主题大多讲述巴勒斯坦人民为立国而进行的抗争、以色列及西方国家对巴勒斯坦领土和人权的侵犯、哈马斯与法塔赫的内讧以及批判其他阿拉伯国家对巴勒斯坦事业的利用和出卖等。其作品被译成 20 多种语言，是阿拉伯世界乃至全球最著名的阿拉伯民族主义诗人。

亲啊，我是优素福》则是作者借《古兰经》中被兄弟出卖，被迫背井离乡的故事来隐喻巴勒斯坦人民的遭遇，控诉阿拉伯各国为了各自的利益而联手将巴勒斯坦人民的权利卖给以色列和以美国为首的西方列强。后者被许多阿拉伯歌唱家改编为歌曲，在阿拉伯民众中口口相传。

以马哈茂德·达尔维什为代表的诗人的作品反映了阿拉伯公众对“巴勒斯坦问题”的基本立场，这一立场体现在两个最受欢迎的政治思想流派——“泛阿拉伯主义”和“泛伊斯兰主义”中：对于“泛阿拉伯主义”者来说，巴勒斯坦的阿拉伯身份是毋庸置疑的，更不用说巴勒斯坦领土被占领使阿拉伯世界的地理完整性受到了侵犯；对于“泛伊斯兰主义”者来说，巴勒斯坦的意义不仅仅是地理意义上的完整性问题，更是对“真主”和所有穆斯林的侵犯，为解放巴勒斯坦而进行“圣战”是所有穆斯林的神圣职责。但不论对民族主义者来说，还是伊斯兰主义者来说，“巴勒斯坦问题”都被视为“存在主义”的冲突（صراع الموجود）。在阿拉伯街头，阿拉伯民众不仅对 1987 年第一次起义和 2000 年第二次起义给予了巨大支持，还对那些仍将巴以问题视为“存在主义”冲突、抵制中东和平进程的政治团体（哈马斯、真主党等）给予了坚定的道义上的支持。

相比之下，以阿拉伯联盟为代表的阿拉伯各国政权则更多地将巴以冲突问题视为“领土冲突”（نزاع الحدود）。基于这一认识，阿拉伯各国政权将“巴勒斯坦问题”的解决寄希望于政治谈判，他们认为可以通过讨价还价来实现双边利益最大化。于是，阿拉伯各国政府要求以色列尊重 1967 年 6 月 5 日前的边界线，以及联合国安全理事会关于“巴勒斯坦问题”的相关决议。一些阿拉伯国家（埃及、约旦、卡塔尔等）

已经与以色列签署了和平协议，并实现了与以色列关系的正常化。

三、"巴勒斯坦问题"的修辞语境：从"存在主义"到"领土冲突"

在了解了阿拉伯民众和官方在"巴勒斯坦问题"上的不同语境后，这里将以半岛电台政治访谈类节目《反方向》中以"巴勒斯坦问题"为主题的三集节目为案例，分析主持人卡西姆如何通过看似激进的"反建制"言论，将其隐喻的信息传递给观众，以此达到分解和消减观众激进主义思想的目的，从而为其赞助国卡塔尔埃米尔的政治观点和战略利益服务的。这三集节目分别为 2000 年"第二次巴勒斯坦起义"①之前和之后的两集，以及 2014 年加沙战争后（人们普遍将其认为"第三次巴勒斯坦起义"）即将爆发前夕的一集。

1.《巴勒斯坦建国》，2000 年 9 月 19 日

这期节目发生在巴勒斯坦第二次起义前夕，节目以卡西姆标志性的开场白导入：

> 为什么巴勒斯坦领导层开始痴迷于宣布建立一个国家？
>
> 为什么过分痴迷于建立"国家"这一问题，不论是公开地还是秘密地？

---

① 第二次巴勒斯坦起义开始于 2000 年 9 月 28 日，后一直持续到 2005 年 2 月 8 日。导火索是以色列反对党领袖沙龙对犹太人称为圣殿山的东耶路撒冷遗址进行了有争议的访问，导致双边爆发冲突，紧张局势随即升级。在示威活动的最初几天，数十名巴勒斯坦人被以色列安全部队杀害，随后巴勒斯坦武装部队发动了残酷的报复行动。报复行动包含自杀式爆炸以及发射火箭弹和狙击袭击。2002 年，以色列警察出动防暴部队试图控制局势。他们对示威者使用橡皮子弹，后来使用真枪实弹。其间，3200 名巴勒斯坦人被杀。巴勒斯坦人的袭击也造成了约有 1000 名以色列人死亡。2005 年 2 月 8 日，在埃及的沙姆沙伊赫首脑会议上，以色列总理沙龙和巴勒斯坦权力机构主席阿巴斯宣布停战。

为什么建立“国家”成为巴勒斯坦话语体系中的首要目标？不，是唯一目标！

为什么在巴勒斯坦问题中，建立“国家”成了与获取“国家权力”相对，必须二选其一的事情？而在其他解放运动的政治话语中，建立“国家”及获得“国家权力”被认为是斗争的最后一步。

在巴勒斯坦问题中，建立“国家”这一目标是否已经代替了争取“国家权力”，而非仅仅作为国家权力的一部分而存在？

以色列对巴勒斯坦迫切希望建立一个国家的愿望了然于胸，难道他们不会以此为诱饵来进行敲诈吗？

建立一个巴勒斯坦国这个事情，不就像是把马车放在马前面一样吗？

为了宣布建国，巴勒斯坦人需要付出什么样的代价？这样的代价难道还不够奢侈、具有毁灭性吗？

宣布建国是否意味着要放弃巴勒斯坦 80% 的土地？

这难道不意味着建设一个卡通实体，没有土地，没有边界，也没有对领空和领海的控制权吗？

从第一个问题“为什么巴勒斯坦领导层开始痴迷于宣布建立一个国家”开始，卡西姆表明了对巴勒斯坦权力机构牺牲国家和人民利益换取虚拟建国的质疑与反感，之后第二个和第三个问题表达了同样的含义。从第四个问题开始，卡西姆进一步解释了他反对“建国”这一决策并对此感到失望的原因。正如陈述的那样，“建国”这个问题使巴勒斯坦权力机构付出了沉重、奢侈的代价，使其丧失了巴勒斯坦 80%

的土地，并且这一愿望已被以色列和其他阿拉伯国家政权们（其中也包括其赞助国卡塔尔）利用，用以敲诈巴勒斯坦人民。这使他与反对巴勒斯坦权力机构的观众们团结在一起。在这种情况下的“建国”无疑是本末倒置、杀鸡取卵。

那么，在这一过程中，卡西姆是如何通过一连串反问来引导观众转换思考角度，使其朝着有利于卡塔尔政权的方向发展呢？转折从第四个问题开始。在这个问题里，卡西姆阐明了他所反对的不是“建立巴勒斯坦国”这一原则，他所反对的是为实现这一原则而付出的不计后果的代价。通过使用“痴迷”“过度痴迷”“唯一目标”等这些激进的字眼，他谴责巴勒斯坦权力机构的“非理性”和“不惜代价”，以及这种行为将造成的不良后果。在这一前提下，卡西姆开始成功引导观众从对“原则问题”的关注，转移到对“实用主义”的考量。其潜台词为：在“巴勒斯坦问题”上，我们应该更加关注实际利益，而非虚无的“原则性”立场，请观众根据环境或可能导致的后果来自行判断和平进程，不计一切后果的“建国”目标是否值得坚持？如果巴勒斯坦权力机构能够较为理性地处理和平进程，那么，无论和平进程多么不受欢迎，是否也是结束巴以冲突的一种有价值和有效的手段？

此处，卡西姆的观点已与一开始反对巴勒斯坦权力机构进行“和平谈判”的原则性立场相去甚远，并暗示以 1967 年 6 月前边界及其合法性为条件的谈判是可以接受的。

2.《“大起义”之后》，2000 年 10 月 3 日

这一集播出的时间，正好是“第二次巴勒斯坦起义”爆发后一周，随着以色列和巴勒斯坦间暴力冲突的升级，阿拉伯各国民众反应激烈，海湾国家首先爆发民众声援巴勒斯坦的示威游行活动。此外，不仅阿拉伯国家的民众反应强烈，其他伊斯兰国家的街头活动也频繁爆出。第二期《反方向》节目正是在这种群情激愤的背景下播出的。节目一开始，卡西姆背诵了伊拉克诗人穆萨法尔·努瓦布[①]（Muthaffar al-Nawab）的诗歌《耶路撒冷——阿拉伯人的新娘》的节选部分来作为开场白，接着是一连串的反问：

耶路撒冷是你阿拉伯人的新娘，你说！

好哇！好哇！好哇！

那你为什么晚上把所有的淫乱者领进她的房间呢？

站在门后偷听她被撕碎童贞的尖叫声，

拔出你的匕首，让她安静下来，以免她的尖叫玷污你的荣誉？

婊子养的！被强奸的女人如何保持沉默！

阿拉伯人（阿拉伯领导人）是否仍在向和平的敌人寻求和平？

我们之间的冲突是边界冲突还是生存冲突？

为什么阿拉伯政权有如此可耻的缺点？

他们除了不断地谴责、谴责、谴责外，还能做什么？

谁说巴勒斯坦人民默许与以色列的这种有辱人格的和平？

在这里，他们像凤凰一样从灰烬中升起，震动着刽子手脚下的土地。

谁说眼睛挡不住蛀虫的攻击？巴勒斯坦的英雄们站起来面对

① 1934 年出生于巴格达一个印度裔的什叶派贵族家庭，在上大学时加入了伊拉克共产党，并受到哈希姆政府的折磨。1958 年伊拉克革命推翻帝制后，他被任命为教育部督察。穆萨法尔·努瓦布的诗歌以抨击阿拉伯国家的独裁者和倡导国际革命见长，因此常被称为“革命诗人”。

以色列的暴行，许多人认为以色列的暴行比纳粹主义更为可恶和野蛮。

考虑到近期发生的严重的阿以冲突事件和阿拉伯观众们的情绪，这一集的《反方向》中，卡西姆并没有提出相反的论点，而是顺应时势，跟随观众的修辞语境，观众赞扬谁，他就赞扬谁，观众谴责谁，他就谴责谁。卡西姆通过借用阿拉伯观众广受欢迎的反当权派诗人穆萨法尔·努瓦布的诗歌，用讽刺、挖苦式的反问简明扼要地陈述观点，谴责阿拉伯政权，“自由”地表达他对统治者的愤怒和憎恨，毫不留情地说出人民的心声：阿拉伯领导人是不道德的、自私自利的、“婊子养的”，他们无耻地将“纯洁”的巴勒斯坦卖给了“通奸者”，并毫无廉耻地要求她闭嘴，以免尖叫声玷污了他们的荣誉。

这一段的精彩之处就在于：卡西姆借用了通俗易懂，甚至过于直白的比喻来描述阿以冲突。这对于当时情景下的广大阿拉伯观众来说是非常受用的。它不同于其他阿拉伯大众媒体隐晦、模棱两可的表态，而是以直截了当、立场鲜明、富有激情的方式引起观众们的情感共鸣。它完全符合阿拉伯大众理解巴以问题的常见范式，以及阿拉伯人眼中的荣耀观和高尚观。通过这一比喻，卡西姆在巴以冲突、巴勒斯坦人民和阿拉伯各国政权间的冲突中引入了一种基于道德和荣誉标准之上的考量：这是一场善良、高尚的阿拉伯人民与邪恶、卑鄙的阿拉伯领导人以及以色列之间的斗争。

尽管如此，我们仍能感觉到卡西姆在试图引导阿拉伯观众方面所做的努力，他仍然试图将话题从对冲突的原则性解读转变为对实用主义的解读。卡西姆利用“新娘”“强奸者”“同谋者”的比喻，策略性地将冲突引入伦理和道德冲突语境。他运用修辞夸大阿以冲突的伦理层面，间接模糊了双方在政治和意识形态方面的冲突。换言之，卡西姆努力让观众意识到：冲突的实质在于敌人（以色列）的卑鄙行径，而不是敌人本身，我们需要把“行为”和“行为主体”区分开来。基于这一理解范式，解决问题的关键就变成了：和平地与一个像纳粹那样的残暴、无耻的敌人共存是不可能的，但如果以色列停止成为“和平的敌人”，并停止他们对巴勒斯坦人的“野蛮对待”和“纳粹般的残暴行径”，那么与和平的、富有道德的以色列人共存是可能的。同样，卡西姆的反问也向观众提供了看待阿拉伯统治者的另一个视角，即与有高尚道德、支持和平进程、在与以色列打交道时表现出一定程度的尊严和勇气的阿拉伯统治者和平共存是可能的，就像卡塔尔的埃米尔一样，它的政权与其他亲美的阿拉伯政权是不同的。

3.《哪个更好？第三次巴勒斯坦起义还是继续和谈》，2014 年 11 月 25 日

这集《反方向》节目于巴勒斯坦正在酝酿第三次起义的前夕播出。从 2014 年 6 月底至 7 月初，继 3 名以色列少年遇害、1 名巴勒斯坦少年被杀后，巴以局势日渐紧张。2014 年 7 月 8 日凌晨，以色列军队对加沙地带发起了代号为“护刃行动”的大规模军事攻势。以方出动战机轰炸了加沙地带的近 150 个目标，并出动军舰对加沙进行海上打击。为此，节目的主题设定便是针对巴以双方在爆发严重的暴力冲突后，巴勒斯坦人民之路何去何从？

这集节目的开场白仍是典型的卡西姆式的开场白，由两部分组成，前一部分和后一部分分别代表了两个不同的、相反的观点，中间用卡西姆著名的过渡短语“但是，另一种观点是”（لكن بالمقابل）隔开。

巴勒斯坦人民的第三次起义是否已经近在眼前？

巴勒斯坦人民难道没有权利为反抗犹太复国主义者的暴政而起义吗？

他们践踏了巴勒斯坦人民的神圣之地，

通过野蛮的定居点政策一天一天蚕食着巴勒斯坦的领土，

在拉马拉的巴勒斯坦政权什么时候能停止给巴勒斯坦人民使绊子？

在过去几年里，除了使犹太复国主义者更加嚣张、傲慢外，他们和以色列人的谈判有任何进展吗？

最近的巴勒斯坦局势不正是证明了这一点吗？

即将到来的起义旨在反对以色列，反对那些为巴勒斯坦政权提供庇护的阿拉伯暴君（比如叙利亚），这不正是“阿拉伯之春”革命的延续吗？

但是，另一种观点是：

上一次的起义取得什么成就了吗？巴勒斯坦人民要再来一次这样的起义吗？

以色列对巴勒斯坦人民的进攻没有狠狠回击吗？

最近一次的代价达到了几十亿美元。

难道阿拉伯人为治疗伤口还不够忙吗？

新起义难道不会像以前那些阿拉伯人的革命一样，在别人算计之前，就先自己算计起自己吗?

这些天世界上各个国家不是都在比谁先承认巴勒斯坦国吗?

为什么有的人想要破坏之前的成果，号召人民投入新的起义?

巴勒斯坦人通过外交谈判所取得的，难道不比起义和扔石头获得的更多吗?

卡西姆的开场白十分清楚地阐明了关于是否要组织“第三次巴勒斯坦起义”的立场。第一种观点是有必要组织，理由有两点：一是为了抵抗以色列的暴政，“以色列践踏了巴勒斯坦人民的神圣之地，一天一天蚕食着巴勒斯坦的领土”，为此，巴勒斯坦人民有反抗的权利，这是符合阿拉伯人“以牙还牙，以眼还眼”的道义观和荣誉观的；二是“巴勒斯坦起义”旨在反对以色列、反对阿拉伯政权的独裁者，他们是以色列的走狗和帮凶（根据文中提及，以叙利亚为代表）。第二种观点则认为没有必要进行“第三次巴勒斯坦起义”，理由也有两点：一是之前的“起义”并没有获得成功，没有达到预期的目标，“第二次巴勒斯坦起义”引发了巴以双方间更大规模的冲突，以色列采取了更为强硬的反扑措施，令巴勒斯坦人民伤亡惨重；二是双方巨大的实力差距，最近一次以色列对巴勒斯坦的武装打击（“护刃行动”）耗费“达到了几十亿美元”。

而对于组织“第三次巴勒斯坦起义”可能带来的结果，卡西姆的开场白也给出了明确的答案。如果组织起义，那么巴勒斯坦人民将继续“阿拉伯之春”未尽之事业（但事实证明，“阿拉伯之春”已经变成了阿拉伯的寒冬）。当然，根据以往的经验，这类起义往往是无法取得预期成果的，因为新起义很可能像之前的起义一样，“在别人算计之前，就先自己算计起自己”了；如果不组织起义（显然这是目前大多数国家的政治倾向——“这些天世界上各个国家不是都在比谁先承认巴勒斯坦国吗？”），则和谈仍是唯一出路，“巴勒斯坦人通过外交谈判所取得的，难道不比起义和扔石头获得的更多吗？”

根据对开场白逻辑的梳理，可以看出卡西姆坚持了他在巴以问题上一贯的立场：通过语境的预设（不论是以华丽的诗歌、隐喻、明喻等修辞手法，还是简单的直抒胸臆），他都试图将阿以冲突、巴勒斯坦人民的反抗纳入荣誉与屈辱、高贵与卑贱的道德层面进行考量（这也是阿拉伯民众、非精英群体关于巴勒斯坦问题的一贯立场与语境）。“但是”（通过卡西姆著名的过渡句），诸如此类充满道义支持和占据道德制高点的反抗在实践中却总是以失败而告终，那么我们是不是应该考虑，有原则的和平谈判也许可以成为解决巴以冲突的替代性方案？而这正是半岛电台赞助国卡塔尔当局所一直奉行的外交策略，正如卡塔尔外交部敦促阿拉伯民众改变他们对以色列的理解和态度时提到的那样：“既然我们有‘阿拉伯人’的解决方案，为什么要谈论犹太复国主义呢？卡塔尔当局从一开始就致力于实现我们的解决方案，努力解决我们与以色列的问题，并实现在该地区的和平生活，所以请放下傲慢！”（Al-Jazeera，2002 年 10 月 16 日）

通过本节的分析，我们可以清晰地看到卡塔尔半岛电台对于“反建制”言论策略的具体应用，其“反建制”言论根本不是激进的“反建制”思想的反映，恰恰相反，它颠覆并阻碍了阿拉伯观众的激进主义。这一过程主要是通过以下三个步骤完成的：首先，使用看似激进的“反建制”言论，将卡塔尔半岛电台与反当权观众的激进价值观和信仰联系起来，以此吸引他们；其次，在不疏远观众的前提下，巧妙地运用一系列含蓄的修辞手法创造新语境，使观众的激进信仰和态度受到质疑和挑战；最后，通过对重大政治事件的另类解读，使观众获得满足感。而这一切的目的，自然是为了间接地将阿拉伯受众与卡塔尔国家的战略利益和政策联系起来。

因此，可以说卡塔尔半岛电台的“反建制”言论的实质是将阿拉伯观众从两个最流行的激进意识形态——“阿拉伯民族主义”和“伊斯兰主义”中分离出来，并为观众提供一种温和的政治意识形态，作为前两者的替代品。卡塔尔半岛电台将卡塔尔描绘成一个新的阿拉伯国家典范，一个民主化的、自我改革的国家，可以取代叙利亚和伊拉克等激进的阿拉伯政权，以及约旦、埃及、沙特阿拉伯、巴勒斯坦等不受欢迎的温和亲西方阿拉伯政权。

结语

本书的写作想法始于2016年，彼时，“一带一路”倡议提出已有3年，在促进中阿民众民心相通、助力中国企业不断走出去的过程中，文化背景差异给双方的沟通交流带来了隔阂与不便。造成这种局面的原因，一方面是因为当前国际传播格局仍然是以西方等跨国媒体为主导的。例如，阿拉伯媒体中充斥着许多关于中国的不实报道，大多引自西方媒体。另一方面，也因为我国对阿传播能力建设仍处在起步阶段，不论是学术研究还是传播实践仍十分薄弱。2008年，首届“中国阿拉伯国家新闻合作论坛”正式成立，中国与阿拉伯国家间的媒体合作机制才得以建立。2009年，中国国际电视台阿拉伯语频道（CGTN-العربية）成立，我国主流媒体才迈出了对阿传播实践的重要一步。但在随后的实际落地过程中，必须承认我国主流媒体对阿传播能力的提升离我们期待的目标还很远。

从学术研究角度来看，当前对阿传播相关研究主要分为两个层面：一是在跨文化传播和国际传播两个学科背景下开展的相关理论研究；二是对阿传播实践层面具体问题的研究，以及在此基础上提出的相关建议。如注重改进对阿传播的内容和节目编排（霍娜，2011[①]；李宇，

① 霍娜:《在阿拉伯地区增强中国媒体的话语权》,《对外传播》2011年第12期，第36—37页。

2012[①]；刘欣路，2018[②]），充分发挥学者在对阿传播中的作用（薛庆国，2015[③]），发挥技术优势运用多媒体渠道等。总体而言，理论研究较少，对策应用研究较多；宏观研究较少，微观研究较多；“我者”视角研究居多，“他者”视角研究较少。这也在一定程度上解释了当前我国对阿传播实践中存在的困境。因此，扎实做好基础研究工作，是做好对阿传播、讲好中国故事的前提，也是必须。本书的写作想法正是源于上述需求。

然而，在随后的写作过程中，几乎每一步都迈得异常艰难。由于缺少国际传播相关理论和研究方法方面的专业知识，我开始大量阅读相关书籍；为了理清阿拉伯地区 20 世纪以来的媒体发展史，我开始大量阅读英文和阿语的著作文献；为了研究国际传播与公共外交的关系，我又着手阅读公共外交理论与阿拉伯地区国际关系史的书籍与文章；为了做新闻议程和报道框架分析，我搜集并梳理了近百篇阿语新闻；在最后一章，终于回到了自己的老本行——话语分析。这一过程前前后后持续了近 5 年，虽然艰辛却收获良多，也让我对“国际传播为什么难”这一问题有了切身感受！如今，我利用课余时间终于完成了本书的撰写，算是对自己数年努力的一个阶段总结。其间，得到了来自前辈、领导、同事以及海外朋友，特别是家人的鼎力支持，正是他们的支持，使我打开了视野，抛去了后顾之忧。

---

① 李宇：《提升对阿拉伯国家传播能力：中央电视台阿语频道面临的挑战与机遇》，《对外传播》2012 年第 8 期，第 22—24 页。

② 刘欣路、马晓颖：《阿拉伯卫星电视媒体发展特征与启示》，《对外传播》2017 年第 12 期，第 76—78 页。

③ 薛庆国：《阿拉伯世界讲述“一带一路”需精细化传播》，《光明日报》2015 年 7 月 21 日，第 7 版。

在本书即将出版之际，我也谈一些未完成的遗憾，希望未来能有时间和条件去进一步完善。首先，关于对我国媒体的启示方面，这一部分虽有一些感悟，但我在本书中没能加以系统的总结和概括。例如，关于我国媒体对阿传播的“特色化”和“本土化”问题。可以说“特色化”是魂，是当前世界主要跨国媒体对阿传播战略的共性，体现在各跨国媒体对其传播总体意识形态和新闻理念的把握上；“本土化”是形，主要体现在执行和运营层面。由此带给我们的启示是：当前我国对阿传播能力建设的重中之重在于凝练具有中国特色的新闻传播理念与特色。

此外，还有关于对阿传播过程中最关键、核心的因素——“人”的理解方面。我深感不论是对于地区热点新闻敏感度的把握，还是新闻传播的叙事能力，都要求对阿新闻工作者具有非常综合和全面的素养。这些素养包括良好的外语能力（至少掌握英语和阿语两门外语）、具备对阿拉伯地区新闻信息的搜集和传播能力、熟悉当地国情和民意，以实现快速和精准的即时传播的能力等，而要在短期内打造一支这样的队伍，需要超强的综合协调和资源调动能力，以及不拘一格、突破体制的创新能力。

总而言之，我国的国际传播之路才蹒跚起步，前路道阻且长，充满挑战但也充满希望，在此仅以本人有限的学识为对阿传播能力建设尽绵薄之力。

参考文献

中文类

[1] 吴飞等 . 国际传播的理论、现状和发展趋势研究 [M]. 北京：经济科学出版社，2016.

[2] 匡文波 . 新媒体概论 [M]. 北京：中国人民大学出版社，2012.

[3] 孙坚华 . 新媒体革命：为什么传统媒体屡战不胜 [M]. 北京：北京电子工业出版社，2016.

[4] 关世杰 . 国际传播学 [M]. 北京：北京大学出版社，2004.

[5] 朱振明 . 理解国际传播：问题、视角和阐释 [M]. 北京：中国广播电视出版社，2013.

[6] 马为公，罗青 . 新媒体传播 [M]. 北京：中国传媒大学出版社，2011.

[7] 马丽蓉 .《西方霸权语境中的阿拉伯伊斯兰问题研究》. 北京：时事出版社，2007.

[8] 王垂林，张志安 . 英国媒体数字化转型：案例与模式 [M]. 广州：南方日报出版社，2017.

[9] 李娜 . 欧美公共广播电视危机与变迁研究 [M]. 北京：中国传媒大学出版社，2009.

[10] 刘利群，张毓强 . 国际传播概论 [M]. 北京：中国传媒大学出版

社，2011.

[11] 强荧，吕鹏 . 新闻与传播学国际理论前沿 [M]. 上海：上海社会科学院出版社，2017.

[12] 臧具林，陈卫星 . 国家传播战略 [M]. 北京：中国传媒大学出版社，2011.

[13] 胡正荣，关娟娟 . 世界主要媒体的国际传播战略 [M]. 北京：中国传媒大学出版社，2011.

[14]C. K. 奥格登，I. A. 理查兹 . 意义之意义 [M]. 白人立，国庆祝，译 . 北京：北京师范大学出版社，2003.

[15] 哈贝马斯 . 公共领域的结构转型 [M]. 曹卫东，译 . 上海：学林出版社，1999.

[16] 沃尔特·李普曼 . 公众舆论 [M]. 阎克文，江红，译 . 上海：上海人民出版社，2006.

[17] 爱德华·赫尔曼，诺姆·乔姆斯基 . 制造共识：大众传媒的政治经济学 [M]. 绍红松，译 . 北京：北京大学出版社，2011.

[18] 托伊恩·A. 梵迪克 . 作为话语的新闻 [M]. 曾庆香，译 . 北京：华夏出版社，2003.

[19] 彭兰 . 新媒体界定的三条线索 [J]. 新闻与传媒，2016(23)：120-125.

[20] 刘欣路，马晓颖 . 阿拉伯卫星电视媒体发展特征与启示 [J]. 对外传播，2017(12)：76-78.

[21] 史安斌 . 媒体在公共外交中的三重作用 [J]. 公共外交季刊，2011(8)：57-62.

[22] 叶皓 . 公共外交与国际传播 [J]. 传播文化，2012(6):11-19.

[23] 霍娜 . 在阿拉伯地区增强中国媒体的话语权 [J]. 对外传播，2011(12):36-37.

[24] 李宇 . 提升对阿拉伯国家传播能力：中央电视台阿语频道面临的挑战与机遇 [J]. 对外传播，2012(8):22-24.

[25] 周胜利 . 论主流媒体 [J]. 新闻界，2001(6):11-12.

[26] 喻国明 . 传媒市场三大趋势 [J]. 中国新闻出版报，2001(2):1-2.

[27] 刘建明 . 解读主流媒体 [J]. 新闻与写作，2004(4):3-5.

[28] 陈春彦 . "今日俄罗斯" 重塑国家形象的传播战略研究 [J]. 对外传播，2019(2):67-70.

[29] 郭金峰 . 俄罗斯媒体国际传播策略研究——以 RT 电视台为例 [J]. 国外社会科学，2020(4):114-124.

[30] 许华 . 从乌克兰危机看俄罗斯的国际传播力——兼议国际政治博弈中的传播之争 [J]. 俄罗斯学刊，2015(3):61-69.

[31] 程小林 . 公共外交视野下我国主流媒体的国际传播力研究——以新华通讯社为例 [D]. 武汉：武汉大学，2016.

[32] 范帅帅 . 俄罗斯主流外宣媒体对阿拉伯世界传播策略和影响力研究 [D]. 北京：北京外国语大学，2020.

[33] 薛庆国 . 阿拉伯世界讲述 "一带一路" 需精细化传播 [N]. 光明日报 ,2015-07-21(7).

英文类

[1] A D BOYD. Broadcasting in the Arab world: a survey of electronic media in the Middle East[M].Iowa: Iowa State University Press,1996.

[2] ALBERT HORANI,PHILIP S KHOURY,MARY C WILSON. The modern Middle East[M].Berkely: University of California Press,1993.

[3] ANTHONY H CORDESMAN. Saudi Arabia enters the twenty first century: the political, foreign policy, economic and energy dimensions[M]. Westport: Greenwood Publishing Group,2003.

[4] AL SHAMMARY S. The opposite direction program: a scientific study[M].Doha: Dar al Sharq,1998.

[5] BARNETT M. Dialogues in Arab politics: negotiations in regional order[M]. New York: Columbia University Press, 1998.

[6] BRUCE ETLING. Mapping the Arabic blogosphere: politics, culture, and dissent[M]. Massachusetts: Berkman Center Research Publication, 2009.

[7] ERVING GOFFMAN. Frame analysis: an essay on the organization of experience[M]. Cambridge: Harvard University Press, 1986.

[8] ELIZABETH POOLE, JOHN E RICHARDSON. Muslims and the news media[M].New York:I.B.Tauris,2006.

[9] FREEDMAN. The Middle East and the peace process: the impact of the Oslo Accords[M].Gainsville: University Press of Florida, 1998.

[10] JEAN K CHALABY. Transnational television worldwide: towards a new media order[M]. New York:I.B.Tauris,2005.

[11] JOHN SFAKIANAKIS. The whales of the Nile: networks, business, and bureaucrats during the era of privatization in Egypt[M]. New York: Palgrave Macmillan, 2004.

[12] JOSEPH A MASSAD. Colonial effects: the making of national identity of Jordan[M]. New York: Columbia University Press, 2001.

[13] HERB M. All in the family: absolutism, revolution, and democracy in the Middle Eastern monarchies[M]. New York: Albany, 1999.

[14] HUSSEIN ABDUL RAOF. Arabic rhetoric: a pragmatic analysis[M]. London: Routledge, 2011.

[15] LEILA HUDSON, ADEL ISKANDAR, MIMI KIRK. Media evolution on the eve of the Arab Spring[M]. New York: Palgrave Macmillan, 2016.

[16] MALCLOM KERR. The Arab cold war[M]. New York: Oxford University Press,1970.

[17] MARC LYNCH. Voices of the new Arab public[M].New York: Columbia University Press, 2006.

[18] MAMOUN FANDY. Civil war of words: media and politics in the Arab world[M]. Santa Barbara: Praeger, 2007.

[19] MAXWELL E MCCOMBS, DONALD L SHAW, DAVID H WEAVER. Communication and democracy: exploring the intellectual frontiers in agenda setting theory[M]. London: Routledge, 1997.

[20] MICHAEL N, BARNETT. Dialogues in Arab politics: negotiations in regional order[M]. New York: Columbia University Press, 1998.

[21] MONTEAGLE STEARNS. Talking to strangers: improving American diplomacy at home and abroad[M]. New Jersey: Princeton University Press, 1996.

[22] MORTON VALBJORN. Arab nationalisms in transformation: from Arab interstate societies to an Arab-Islamic world society[M]. London: Palgrave, 2009.

[23] NAOMI SAKR. Arab television today[M].New York: I.B.Tauris.

[24] PETER PARTNER. Arab voices: the BBC Arabic Service 1938-1988[M].London: British Broadcasting Corporation, 1988.

[25] PHILLIP SEIB. New media and new Arab world[M].New York: Palgrave Macmillian, 2007.

[26] RINNAWI K. The international and the Arab world as virtual public sphere[M]. Beersheba :Ben-Gurion University, 2003.

[27] SHIBLEY TELHAMI. Power, legitimacy and peace-making in Arab coalitions: the new Arabism[M]. Gainesville: University Press of Florida,1999.

[28] SHIBLEY TELHAMI. The stakes: America in the Middle East: the consequence of power and the choice for peace[M]. Boulder Colorado: Westview Press, 2004.

[29] STEVEN HEYDEMANN. Networks of privilege in the Middle East: the politics of economic reform revisited[M].New York: Palgrave Macmillan, 2004.

[30] THOMAS L MCPHAIL, STEVEN PHIPPS. Global communication: theories, stakeholders and trends[M].Malden: Wiley Blackwell, 2019.

[31] ADNERSSON MATILDA. Mapping digital diasporas@ BBC World Service: users and uses of the Persian and Arabic websites[J]. Middle East Journal of Culture & Communication, 2010, 3(2): 256-278.

[32] ALTERMAN J B. Counting nodes and counting noses: understanding new media in the Middle East[J]. The Middle East Journal, 2000, 54(3): 355-361.

[33] ANDREW HILL, ATEF ALSHAER. BBC Arabic TV: participation and the question of public diplomacy[J]. Middle East Journal of Culture & Communication, 2010, 3(2):152-170.

[34] CHAMPION. The Kingdom of Saudi Arabia: elements of

instability within stability[J]. Middle East Review of International Affairs, 1999, 3(4): 49–73.

[35] CHRISTOPHER PHILLIP. Team Arab: Al-Jazeera and the flagging of everyday Arabism during the 2008 Beijing Olympics[J]. Juournal of the Association for the Study of Ethnicity and Nationalism, 2012,18(3):504–526.

[36] FATIMA AL ISSWI, G BAUMANN. The BBC Arabic Service: changing political mediascapes[J]. Middle East Journal of Culture & Communication, 2010, 3(2):137–151.

[37] JOHN BROWN. Public diplomacy as a global phenomenon: an internet-based overview of the English-language world media[J]. Place Branding & Public Diplomacy, 2007, 3(2):337–347.

[38] JOSEPH KOSTINER. State, Islam, and opposition in Saudi Arabia: the post Desert Storm phase[J]. Terrorism and Political Violence, 1996, Volume 8, Issue 2.

[39] GAMSON W A. News as framing: comments on graber[J]. The American Behavioral Scientist, 1989, 33(2):157–166.

[40] GHAREEB. New media and the information revolution in the Arab world[J]. Middle East Journal, 2005, 54(3):395–418.

[41] GRAHAM MYTTON. Audience research at the BBC External Services during the Cold War: a view from the inside[J] . Cold War History, 2011, 11(1):49–67.

[42] LOUAY BAHRY. The new Arab media phenomenon:

Qatar's Al-Jazeera[J]. Middle East Policy, 2001,8(2):88-99.

[43] MOHAMEN SATTI. Framing the Islamic state on Al-Jazeera English and the BBC websites[J]. Journal of Arab & Muslim Media Research, 2015, 8(1):37-53.

[44] MOHAMMED AL NAWAWY, ADEL ISKANDAR. Al-Jazeera: how the free Arab news network scooped the world and changed the Middle East[J]. Political Science Quarterly, 2003, 118(2):316-318.

[45] NADA AMIN. Ownership of media and the impact on the independence of journalistic content: the case of Sudan[J]. Siyasat Arabiya, 2018,(33):93-116.

[46] OSAMA AL BISHRI. Mediated public diplomacy in the digital age: exploring the Saudi and the U.S. governments agenda-building during Trump's visit to the Middle East[J]. Public Relations Review, 2019, 45(4):56-77.

[47] PHILLIP SEIB. Hegemonic no more: western media, the rise of Al-Jazeera and the influence of diverse voices[J]. International Studies Review, 2005, 7(4):601-615.

[48] SUMAYA AL NAHED. Covering Libya: a framing analysis of Al-Jazeera and BBC Coverage of the 2011 Libyan Uprising and NATO intervention[J]. Middle East Critique, 2015, 24(3): 251-267.

[49] TIMOTHY MITCHELL. No factories, no problems: the logic of Neo-liberalism in Egypt[J]. Review of African Political

Economy, 1999, 26(82):455-468.

[50] TAL SAMUEL AZRAN, Al-Jazeera, Qatar and new tactics in state-sponsored media diplomacy[J]. American Behavioral Scientist, 2013, 57(9):1293-1311.

[51] YUSUF KALYANGO. Critical discourse analysis of CNN international's coverage of Africa[J]. Journal of Broadcasting & Electronic Media, 2011,55(2):160-179.

[52] I M HIJAB. Mass media in Jordan: a historical analysis of the evolution of press, radio and television[D].Minnesota: University of Minnesota,1985.

[53] MOHMOUD RAOUF AL SADI. Al-Jazeera intifada on the air[D].Memphis: University of Memphis, 2011.

[54] United Nations Development Program. Arab knowledge report 2014[R]. New York: UNDP, 2014.

[55] Dubai Press Club. Arab media outlook 2011-2015[R]. Dubai: Dubai Press Club, 2014.

[56] Northwestern University in Qatar. Media use in the Middle East 2017[R]. Doha: Northwestern University in Qatar, 2017.

[57] Northwestern University in Qatar. Media use in the Middle East 2018[R]. Doha: Northwestern University in Qatar, 2018.

[58] MBR School of Government. The Arab social media report 2019: social media and the internet of things, towards data-driven policymaking in the Arab World[R]. Dubai : MBR School of

Government, 2019.

[59] Northwestern University in Qatar. Media use in the Middle East 2020[R]. Doha: Northwestern University in Qatar, 2020.

[60] MBR School of Government . Arab social media report 2011[R]. Dubai: MBR School of Government, 2011.

[61] International Telecommunication Union. The state of broadband 2015: broadband as a foundation for sustainable development[R]. Geneva: ITU, 2015.

阿拉伯文报告类

[1] نظرة على الإعلام الإجتماعي في العالم العربي 2014، كلية محمد بن راشد للإدارة الحكومية، نادي دبي للصحافة، عام 2015.

[2] نظرة على الإعلام العربي2016 – 2018، كلية محمد بن راشد للإدارة الحكومية، نادي دبي للصحافة، عام 2016.

[3] تقرير وسائل التواصل الإجتماعي في العالم العربي 2015، قمة وراد التواصل الإجتماعي العرب،عام 2015.

[4] تقرير الإعلام الإجتماعي العربي، كلية محمد بن راشد للإدارة الحكومية، نادي دبي للصحافة، عام 2013.